崔璀 _ 著

深度影响

用别人乐于接受的方式
实现你的目标

中信出版集团 | 北京

图书在版编目（CIP）数据

深度影响 / 崔璀著 . -- 北京：中信出版社，
2020.5（2020.11重印）
ISBN 978-7-5217-1333-6

Ⅰ . ①深… Ⅱ . ①崔… Ⅲ . ①人际关系学—通俗读物
Ⅳ . ① C912.11-49

中国版本图书馆 CIP 数据核字（2019）第 279353 号

深度影响

著　　者：崔　璀
出版发行：中信出版集团股份有限公司
（北京市朝阳区惠新东街甲 4 号富盛大厦 2 座　邮编　100029）
承 印 者：北京盛通印刷股份有限公司

开　　本：880mm × 1230mm　1/32　　印　　张：8.75　　字　　数：150 千字
版　　次：2020 年 5 月第 1 版　　印　　次：2020 年 11 月第 4 次印刷
书　　号：ISBN 978–7–5217–1333–6
定　　价：59.00 元

目　录

推荐序

以合作思维来认识老板和员工之间的关系

很多的管理者在感叹，年轻人不好管理，以前灵验的权威和命令不再那么理所当然，只会令他们离开。同时，年轻人也在寻求有效的方式，以表达诉求和向上管理。

在万物互联的时代，我们生活和工作的方式发生了很大的变化。这个时代的特点是信息爆炸，而信息就是权力。传统权力在很大层面上来源于信息垄断。互联时代打破了信息垄断，为此，权力的基础发生了改变，不再来源于信息垄断，以及基于信息垄断的发号施令，而是来源于信息共享基础上的认同和整合。这种信息共享基础上的认同和整合，我认为，在很大程度上与本书阐述的“深度影响”是一致的。

回到管理的问题，在这个时代，年轻人更能接受“被影响”，而不是“被告知”或者“被控制”。以影响力来做管理，其实就是管理学中的领导力研究范畴，只是在现在更显必要了。我在数字化时代组织管理研究中，反复强调管理者领导力的训练，强调领导者的新角色和新内涵，就是源于这是一个需要特别重视的话题。

任何时代都有鼓舞人心的领导者，而在互联时代，领导者的素质已经成为必备，管理者需要，员工也需要，影响力是一种面向未来的能力。

本书提供了一套培养影响力的方法：以合作思维为底层原则，以共情能力为基础前提，摒弃考试思维，找准老板的核心需求，找准员工的深层需求，以共同目标和合作思维来进行共情式沟通，以合作式批评来处理工作中的矛盾、拒绝、冲突。

书中有很多有趣又有理的观点，值得我们分享：

在一个追求平等和尊重的时代，我们都渴望被关注，因此，时代的红利属于倾听者”。倾听是一个典型的合作思维之下的行为习惯。你没有影响力，不是因为你的金钱、权力、能力不够，而是因为你缺少了一种底层思维方式。是什么思维方式呢？合作思维。

还有这样的说法——“我们在工作，不要谈情绪，只谈事情”。有一些人认为共情是很低效的事情，但事实恰恰相反，共情不是只谈情绪，共情是先处理情绪，再处理事情。你不必喜欢或崇拜权威，也不必怨恨他，但你需要管理他，让他为组织的成效、成果以及你个人的成功提供资源。

我们的工作中并非都是毫无余地的必解之题，只要跳出考试思维，你就不再是个闷着头也做不出题目的被动考生。你可以成为和对方合作，共同确定目标、达成目标的主动玩家。很多人之所以不敢提需求，是因为他们把自己当成了商品，他们没有意识到对方和自己是合作关系："我们是平等的、相互需要的。"

解决冲突的两个有效步骤是：第一步，对人不对事，即在冲突中照顾好自己的情绪，认真倾听，保持共情。第二步，对事不对人，即把焦点放在事情本身，不要对人进行评判。

书中还有很多精彩的观点，以我的经验，这些都是简单易行却行之有效的法门，更应是工作与生活中的价值基础。

让我们一起来做做这个思维体操吧。

陈春花

北京大学王宽诚讲席教授，国家发展研究院 BiMBA 院长

前　言

我不需要变成谁，也能拥有自己的影响力

我常常问别人一个问题："在这个时代，你觉得自己最想拥有的能力是什么？"

有人认为是会说话的能力，有人认为是协调资源的能力，也有人认为是看穿别人内心的能力。想来有趣，这些能力的背后似乎都包含一种期待，就是想通过自己的某些能力，在与人互动的过程中，达成某种自己想要的结果。

如果要我说，这种期待指向的就是一种能力：**影响力**。

让我们看看这些场景：

- 坐在你面前的是一位出名难搞的客户，你如何能在 3 小时谈判后扭转局势，拿下这个单子？
- 老板似乎总是一意孤行，你已经压力巨大、夜不能寐，如何才能向上管理，影响老板的决策？
- 你爱上了某个人，他才华横溢、谈吐有力，你期待自己能打动对方，却迟迟不敢向前？
- 你已经进入一段亲密关系，但随着时间的推进，你与他的沟通越来越困难，你们互相不理解。那么，你要怎么做才能得到期待中的爱，而不是像现在这样，在最亲密的人面前，却感到越来越孤独？

这些时刻，如果你拥有这样一种能力——用别人乐于接受的方式，改变对方的思维，从而实现自己的目标，一切会不会不一样？

你需要的，就是影响力。

没错，自然语言处理和搜索专家吴军先生在《见识》这本书里说过，我们对身边人的影响力，决定了我们的幸福程度，因为生活中80%的问题都是关系问题。与荣格、弗洛伊德齐名的个体心理学家阿德勒也说过类似的观点，“人的烦恼皆源自人际关系”。

通过影响力让关系变好，你就解决了生活中80%的烦恼，自然也会更幸福。

这些，是从微小的层面来说影响力。

如果我们试着把影响力放到更大层面上去看，就会发现，它恰恰符合社会的发展。

社会在不断新陈代谢中，变得越来越多元化。我们从重农抑商的封建社会，一路发展到现在的商业社会，越来越多受过良好教育的年轻人成为社会的主力军，相较而言，他们更能接受“被影响”，而不是“被告知”或者“被控制”。《哈佛商业评论》里有篇文章的描述很有趣：年轻一代对至高无上的权威没有多大忍耐力，靠自上而下的权威早已无法管理好年轻人占多数的组织结构，因为他们会离开。这也是我常常听到的说法：很多管理者聚在一起，他们会叹口气说：“唉，现在的年轻人不好管啊，一不高兴就辞职。”

再看现在的商业社会：互联网急速发展，造就了去中心化的互动结构。这意味着更多个体中心的崛起，而近期流行的私域流量，更是代表着每一个个体都有自己的发声途径。流量面前人人平等，在这个时代，有人仅靠朋友圈就可以年入百万。

回到家庭生活中，我们的家庭结构也悄然发生着变化，如今再也不是父辈家长一发话，大家都“抖三抖”的家长制了。孩子们的想法越来越多，倡导平等尊重的新型养育方法，正在每一个新成立的家庭里盛行。

在这些变化面前，我们没办法再用集权、控制和高压的方式与人相处。此时，用别人乐于接受的方式，似乎更迫切了。可以说，影响力是一种面向未来的能力。

其难点在于，很多人觉得自己没有影响力。

> “我在工作和生活中，时时处处都在被别人影响。”
>
> “只有名人、最有权威的人，或者是有钱人，才有可能拥有影响力。”
>
> “影响力代表着金钱、权力，代表着强硬和进攻。我不仅没钱没权，而且性格内向、口才不好。从小到大，我在人际关系中都是被动的，一直都是别人指挥我，我的心愿和诉求好像从来没被看见过。”
>
> “隔壁那个女生，不仅有老人帮她带孩子，而且她丈夫还全力

支持她创业，给她出谋划策。我天天全心全意照顾孩子，家人还时不时地指责我。”

“同样的话，为什么她说别人就听，我吐沫星子飞半天，大家打个哈哈就过去了？”

“一起接触的客户，怎么她就和他们建立了那么好的关系，而我仍然只是他们的朋友圈好友？”

“影响力？我跟影响力的距离，大概也就一个光年吧。”

如果你留心观察，这些对影响力的误解，随处可见。

没错，我说的是，误解。

本书旨在打破这样的误解，重新建立我们对影响力的认识：人人都需要有影响力，人人都能有影响力。你没有影响力，不是因为你金钱、权力、能力不够，而是因为你缺少了一种底层思维方式。什么思维方式呢？合作思维。

这就是本书的核心思路——影响力的本质就是合作思维。

举个例子，比如加薪是职场常见的问题。但是 10 个人中有 9 个人，都不敢主动和老板谈薪资。为什么？很多人觉得：“老板不希望我加薪，因为会增加公司的成本，那么我只能降低自己的使用成本，才能让老板继续雇用我。”

你有没有意识到，在这个过程中，你把自己当成了一种商品——只有商品才会有成本，所以你只能等着被挑选，而且只有牺牲一些东西，你才能被他人选择。老板和员工之间是不平等的。

如果有这样的想法，那么你从一开始就输了。你会恐惧谈加薪，而这种恐惧会让你变得愤怒。你幻想着血汗老板正在剥削你。哪怕你实在受不了了，坐到了老板面前，你也会因为底气不足，讲话吞吞吐吐、断断续续，完全说服不了对方。

但是，如果你有合作思维，那么你会这样想加薪这个问题："我能坐在这里，证明我跟老板已经是合作关系了，他需要和我一起实现公司发展，而我需要公司的平台才能实现自我成长，所以才会有和老板共事的这个事实，我们是合作关系，是平等的。我有对老板的需求，老板也有对我的需求，双方把各自需求拿出来，各自满足了，才能让合作变得更顺畅。"你会意识到，老板只有满足你的加薪需求，才能更好地激发你的底层动力，同时，你也要想明白，给你加薪能给老板带来什么好处——比如你可以牵头做一个公司的年度大项目，或者是保证完成今年的业绩。在这种心态下，提加薪就变成了一种平等的交谈。

有了合作思维之后，你的心态就变了，变得从容、平等，你会觉得自己是"值得"的。你敢于提出自己的需求，达成自己的目标，那么你就在老板及重要的客户面前自然而然地发挥了自己的影响力。

再举个例子。

你在职场挨过骂吗？我从职场小白一路做到上市公司 COO（首席运营官），再到基金公司投资合伙人，被骂的次数数不胜数。我跟随 10 年的老板是一个才华横溢的完美主义者，他对错误的容忍度为零。更可怕的是，他的表达能力非常好，经常直指我最脆弱的部分，毫不留情。你由此可以想象我被骂时的惨状。

任何一个职场人，越是风生水起、收获满满，他经历过的打击和挫折也就越多。有多少次，我们的眼泪憋在心里，紧张得手脚发抖，试图证明自己是对的，却常常弄巧成拙，沮丧得不得了。我们会一方面陷入巨大的自我怀疑中，引发性格中的自卑；一方面又满怀怨恨，觉得老板霸道无理、太过强硬。

我曾经也是这样——这是非合作思维下的状态。只要我被批评了，我就觉得“完了，我要失去这份信任了”。之所以会产生这种想法，是因为我的非合作思维模式把合作当成了结果：“只有我做到了某事，我才能和对方合作。”相反，合作思维认为，合作是一切的前提，我和他人首先是合作关系，之后才会有日后的一切互动。当我拥有了合作思维后，我忽然意识到，老板跟我是合作关系，我们是因为某一个共同目标，才有了这样一次次的冲突，否则，我们根本就是这个星球上毫不相干的两个个体，不会有任何交集。

合作就是一切的前提。请记住这句话。如果我们的共同目标是为了实现公司的成功，那么老板对我做的事如此愤怒，一定是他从自己的经验中，判断出有些错误已经触犯到了他的底线。我从关注自己的面子和感受，从反抗和对抗，转化为好奇：我想要探究他到底想从这些言语中告诉我什么。

合作思维启动后，我不再认为跟老板的互动只是被“裁决”，我开始认为这是有意义的对话，是学习的机会，我甚至开始享受他的质疑和挑战，那是他特别给我而不是给别人的补课时间。我开始变得从容，不慌不忙地吸收、反馈，跟老板一起探讨；老板也比从前更容易听取我的意见了。

在这个过程中，我逐渐拥有了自己的影响力。

这可不是我个人的"阿 Q 精神"，香奈儿前全球 CEO 莫琳 · 希凯，脸书 COO 谢丽尔 · 桑德伯格，都在自传中写到过这种思维转变的过程。我也会在书中跟大家逐一分享。

合作思维就是本书的最底层思维，它是我们发挥影响力的核心。影响力不是指说话说得漂亮，不是谋略多端，不是气场十足，不是压倒对方——影响力意味着拥有合作思维。在这之上，一切互动都被看作共生的、成就彼此的，在这个转化中，你将成为一个拥有影响力的人。不知不觉中，你会在与所有人的互动中，拥有一种让人乐于改变的能力。

在本书中，我会通过分析对比，带你拆解若干人际互动中最关键的能力，包括倾听、共情、表达、应对冲突等等。你会发现，一旦把合作思维植入其中，那些原本看似普通和常见的问题，都会因为有了合作思维带来的扭转而拥有全新的力量。

同时，我挑选了国内外数位有影响力的女性，她们是女性影响力的代表人物，包括美国前总统夫人米歇尔 · 奥巴马、脸书 COO 谢丽尔 · 桑德伯格、美国前国务卿希拉里 · 克林顿、香奈儿前全球 CEO 莫琳 · 希凯等。我将通过她们的亲身经历，鲜活地呈现出合作思维的巨大效能。

作为一个职场女性，我经历过职场中很多艰难的时刻，并且努力在诸多男性高管中发出自己的声音，回应部分男性对女性不公平的眼光。

作为一个母亲，在这个不进则退的时代里，我一边忙于给孩子提供最好的陪伴和教育，关注孩子的人格发展；一边为了实现自我价值，在工作中毫不松懈。

作为一个女人，我渴望温柔的亲密关系，希望被爱人理解，并爱护自己、保持运动、持续阅读。在与这个世界的互动中，不断达成与自己的和解。

你看，我们都有些贪心，但是我们值得拥有更美好的生活，所以我们要学会满足自己。

对女性来说，实现自我，是一个漫长的过程。在久远的过去（也许现在也还有残留），旧有的观念认为女性若要发挥影响力，只有通过性别——更赤裸一点儿说，是通过“性”。似乎除了这个性别特质之外，女性别无他选。女性要通过依附男性才能发挥影响力，比如嫁一个好男人，最终得到男性权威的扶持。

随着社会进步，女权运动开始萌芽、生长，越来越多的人提倡男女平等，女性影响力进入一个全新的时代。但我们不得不承认，一部分的女性似乎有一点儿矫枉过正——她们试图通过证明自己“一切都可以做到而且比男性做得更好”，让自己被他人重视；她们强调女性“要刚强、要坚硬”。在我的印象当中，很多美国大片里的女超人基本就是男超人的翻版，她们大都肌肉壮硕、行事凶悍。有时候，我会觉得这些表现形式似乎是以不承认女性特征，进而要求女性拥有非女性特质的方式来证明女性的力量。

时至今日，更加多元化的时代到来了，固有的观念需要被颠覆。我希望通过本书让大家看到，作为女性，你可以保持完整的女性气质，同时拥有强大的影响力。

女性天生就适合合作，她们有团队协作意识；女性天生有更强的倾听能力、共情能力，以及表达需求的能力，等等。只要有合作思维的加持，这些天赋都能成为影响力的一部分。

身为女性不是一种障碍，而是一种优势，是内在力量的源泉。

我精心挑选的这些颇具影响力的女性故事，也在不断给我们这样的信心。

我希望本书除了能帮你树立合作思维的意识、获得合作思维的能力之外，还能给你带来某种信念：

> 我希望你相信自己。相信自己的意义，不是让你挑战权威或是压倒某人，相信自己的意义在于：你能为这个社会做出贡献——贡献新的视角、新的愿景、充满启发性的观点。虽然生活充满了种种不确定性，但可以确定的是，这个世界上存在着更本质、更深刻、更美好的东西，它需要我们通过发挥自己的影响力，去发掘、去实现。

不要轻易错过那些重要的东西，愿影响力成为你的守护者。

第 1 章

拥有影响力的前提，是建立合作思维

合作思维把合作当成前提：你真的知道别人的真实想法吗？

影响力是用一种别人乐于接受的方式，改变他人的思想和行动的能力。

这句话听着简单，但如果仔细推敲，你就会意识到其中有一个特别的关键词，也是难点，叫作“乐于”。在我们传统的理解中，要改变别人，就是要扭转别人的想法，让对方甘拜下风；而且，你要足够强硬、主动出击，还要能说会道、气场强大。

但我们不得不承认，即使我们努力让自己变得强大，我们还是会遇到不那么理想的情况。

比如，在职场上，你是一名管理者，表达能力不错，你的下属看上去都很配合，至少你说话的时候，他们都点头表示认同。但奇怪的是，在项目推进过程中仍然会出现各种很低级的问题——你提醒了很多次，讲得口干舌燥，但他们好像没什么主动性。奇怪了，为什么每次你像机关枪似的说半天，但是得出的结果还是不尽如人意？这让你忍不住感叹：“真是千金难买沟通成本啊，我都说了多少遍，怎么还是不行！”

在生活中，你是一位妻子，下班回到家，又听到丈夫一通抱怨——他在工作上也遇到了烦心事儿，新上任的老板并不那么看重他。你一下子着急了，立马分析了几点，把事情剖析得清清楚楚，指出他的问题在哪里。

但奇怪的是，他脸色比进家门时还难看，他起身躲进卫生间，半天不肯出来。你问他怎么了，他也没反应。之后很长一段时间，你发现他好像很少跟你聊工作了。

你还是一位妈妈，快到睡觉时间了，才发现孩子还有作业没做完。你火冒三丈："我都说了多少遍了，要自己主动学习！你学习不是为了爸爸妈妈啊！你知道有个理论叫'一万小时定律'吗？就是要勤学苦练……"

就在这时，虽然你嘴上说着，心里也开始疑惑：说了这么多次，怎么一点儿用也没有呢？

只要你稍加留心就会发现，这种情况几乎每天都在发生。很多人都觉得自己过得很辛苦，但辛苦不是忙得团团转——因为无论多忙，只要成就感爆棚，我们也不会觉得累——真正的辛苦是做了很多却没有成效。这会让人非常失落、怀疑自我。这种时刻，我们往往会觉得："想要达到目标，想要改变别人，我还得更加努力，得提升自己的表达力，把话说得更精准、更到位。"

但是等一等，我们在这里多停一会儿。

当你做得足够多，但仍然事与愿违时，你不妨停下来想一想，是不是你努力的方向错了。再进一步说，是不是你的努力，正在"维持"着你的事与愿违。就像是一辆车开错了方向，这时候你踩油门加速，不过是南辕北辙。

如果是这样，你再怎么努力，恐怕也到不了终点。

我们来换一个视角：你说了很多话，不但没用，而且丝毫没有影响别人，这很有可能不是因为你不会说或说得不够好，而是因为——你不会“听”。

在传统的观念中，相比倾听，人们更看中表达。市面上教大家沟通的图书、课程，多数都在教我们怎么说话，而且不断有精英人士告诉我们，“时代的红利属于表达者”。

表达当然很重要，但我想提醒你的是，或许你并没有注意到，我们每天花在沟通上的时间为：倾听占46%，表达占26%，其他时间则是阅读和书写。

倾听的重要性被严重低估——如果没有“良好的倾听”，就很难有“良好的表达”。

是时候重新看待倾听了，“当所有人都抢着说话的时候，时代的红利属于倾听者”。

因为，渴望被关注，才是人与人之间沟通的本质。

我有一次跟一个国外的合作方谈合作条款。两人争了半天，眼看要谈崩了，我发觉不太对劲儿，我好像并没有真的理解他到底想要什么。于是我索性闭嘴，静下来听他说话。之后我才意识到，他的确是有道理的，而且比我想得更深入。最后，在他的思考基础上，我修改了条款。

我跟我的团队说：“我没有赢得这次对话。”国外合作方听到后，回了我一句：“但你赢得了我这个盟友。”

这是我第一次深刻地意识到倾听的意义：倾听不会为我们赢得对话，

却会为我们赢得盟友。因为当对方知道，他的需求和感受对我而言是重要的，我们之间真正的沟通才会开始，他才会信任我，和我合作，好的沟通不是“赢得辩论”，而是“赢得合作，成就彼此”。

倾听是一个典型的合作思维之下的行为习惯。

但我们的生活中到处都是“只表达，不倾听”，因而丢失合作关系的例子，比如：

管理者批评下属的时候，他满脑子想的都是：“怎么才能让下属明确接收到我的意图，做出业绩啊！年轻人真是没经验、不靠谱啊。”

妻子一听丈夫在职场中遇到的糟心事，第一个念头就是：“我怎么才能让老公成熟一点？”于是她会忍不住念叨：“你就是太单纯，不适合复杂的职场！注意别在职场里栽跟头啊！”

妈妈一旦发现孩子不好好做作业，马上就进入战备状态：“这个孩子从小就没有自控力，一定得帮他养成习惯啊！”

你发现了吗？这里面有两层信息。

第一层，“你是错的”。大脑似乎有一种自动化反应，让你第一时间就给对方贴上标签。在这种意识下，我们接下来的对话，都会表达出一种姿态：“你是错的”。

这会引起对方的防御、争辩，这种争辩不是为了推进事情，而是为了证明对错。我们仔细观察就会发现，很多时候我们为了一件事争吵，吵着吵着，发现已经吵偏了——我们的争吵纯粹是为了证明对方是错的、自己是对的，我们已不再关注事实本身；有时对方感觉到来自你的蔑视，干脆就闭嘴了，两人之间的沟通也就被阻断了。

第二层，“我是对的”。我们不停地说，有时候是出于好意。当前经济的发展速度，导致每个人压力都很大，每天的时间好像都不够用。我们都太想达成某种结果，或者太想帮对方解决问题了。我们牢牢地盯着自己的目标，急得直跺脚：“对面这个人怎么就是不听劝呢！”当我们这么做的时候，我们也在无意识中表现出了这样的姿态：“我比你更正确，我知道你应该怎么办！”我们不停地给出建议，但对方在这个过程中到底是什么状态、他究竟是怎么想的，我们来不及关心。

这些时刻，反映出的就是典型的非合作思维——把合作当结果，认为“我只有改变了对方，才能达成合作，得到想要的结果。如果我改变不了他的想法，我们就无法合作”。在非合作思维下，我们把自己与合作方孤立对待，根本顾不上去“看见”对面坐着的这个人，也意识不到我们与对方已经是合作关系——既然是合作关系，为什么只有我们在着急跳脚呢？

就是这样微妙的思维差异，造就了完全不同的行为。

“你觉得我说的不对是吗，那一定是你还没认清状况。”于是，我们就要更努力地摆事实、讲道理——“我的眼里只有我的目的和诉求，你如果不跟随我，那我们就是对立状态”。我们很容易被卷入一种以自我为中心的输赢思维——“我要赢得这场对话”。

除非你是超级专家或者权威，否则，在大多数情况下，对于你的同事、朋友和伴侣而言，你的这种行为只会激发他们的防御姿态。

香奈儿集团前全球 CEO 莫琳 · 希凯在她的自传《深度思考》里写

过这样一个故事：她刚上任时，想在公司推出一个领导力计划，试图强行推动公司的企业文化变革，于是她举办了一场大型的宣讲会，滔滔不绝地向所有员工讲述了自己的宏伟计划。但是她之后意识到，大家只是表面上认同这个计划，内心实际是抵触的。她还发现，在设计会议基调时，她没有给过团队成员任何表达的机会，而是聘请顾问设计了方案。后来她在自传里写道："我的举动严重破坏了整个团队的氛围。我站在舞台中央，大谈特谈如何应付变化莫测的世界，没有给团队成员说话的机会。他们越抵触我，我就表现得越卖力。"

之后，她迅速调整了自己的行动方式，跟团队"一起"打造这个计划。"想象一下，假设你有一个好主意，但周围同事并不认同。你可以激烈辩护，但如果你失败了，那么你只能挥挥手，放弃合作吗？不，你可以邀请对方说出他的看法，你们可以探讨，看看能否想出更好的主意。虽然你的想法有可能是正确的，但更有效的方式是倾听并询问对方的意见。"

你看，即使是莫琳这种拥有顶级影响力的女性，也踩过"忽视倾听"这样的"坑"。这个例子能让我们理解为什么倾听是沟通中的重要因素。

回顾

1. 当你说了很多，但仍达不到目的时，很有可能不是因为你不会说，而是你不会听。

2. 一味表达的姿态里，包含了两层意识：“你是错的；我是对的。”这是典型的非合作思维。它认为，只有赢得对话，才能达成合作。它把合作当成了目的，实际上却割裂了合作。

3. 合作思维是把合作当前提——“我们已经是合作关系，我要知道你是怎么想的，才能让合作顺利展开”。

第 2 章

合作式倾听：时代的红利属于倾听者

高效的倾听者，不仅能听到对方的观点，而且会迅速采取行动。在倾听背后，更重要的是倾听者的心态：“你很重要，我想知道你是怎么想的。”

倾听很重要，但是也不容易做好。在当一名倾听者这件事上，多数人都高估了自己。

来自查一下，你有没有这些情况：

- 对方还在说话，你已经开始打腹稿，准备自己的意见了。
- 对方话音还没落，你就迫不及待地发表自己的观点了。
- 在多数的谈话时间里，都是你说得多，对方说得少。
- 你说得已经足够多了，但结果常常不尽如人意。

这些都反映了一种情况：很多时候，人们的倾听是“伪倾听”，是为了“说”而“听”。表面上看，他们的确是在听，但实际上他们是在想：“什么时候才能轮到我说？”

这种倾听给人的感觉并不好。我把这种人形容为机关枪式的倾听者——他们基本是在“等”着你说完，你一闭嘴，他马上像机关枪一样把话“射”过来。这会让你觉得，“我刚才都白说了，因为你根本不在意，满脑子就是自己要说什么”。

这是种什么感觉呢？“我满怀期待地向你开放自己，以为你有兴趣听一听，但你只是装模作样地听了一下，然后就把焦点转移到了自己身上。我觉得一下子被你‘堵’回来了。”

为了避免出现低质量的倾听，这里分享给大家两种方法：比较基础的“反应式倾听”和更高阶的“行动式倾听”。

我也是在意识到倾听的重要性后才发现，学会倾听太难了。很长一段时间里，我常常说到一半，才忽然反应过来：“怎么又是我在说！我是什么时候把话头给抢过来的！”于是我开始练习“反应式倾听”。

反应式倾听比较容易上手，它一共有三步：忍、等、问。

“忍”发生在对话之前，唯一需要你做的是，搁置自己的兴趣。

拥有 30 多年心理咨询和家庭治疗临床经验的心理学教授麦克 · P. 尼克斯，在他《好好说话第一步》这本书里讲到，倾听最关键也最困难的因素是，真正的倾听者需要对说话者本人以及他所说的话感兴趣。这就需要我们暂时先搁置自己的兴趣。

但是，以自我为中心是人的本能，这正是倾听的难点所在：倾听是一个对抗本能的过程。所以，倾听不仅需要你主动有这个意识，还需要你刻意努力，以搁置自己的需求及反应。

我常用的方法是：想象在一片漆黑之中，有一束光打在对方头上。此时，他就是我目光的核心，是我眼前能看到的唯一。这时候，我渐渐会安静下来，放下自己满心的念头，忍住自己想要表达的欲望，让对方说；而我要做的，就是把注意力放在黑暗中这唯一的光亮上。

再进一步，还有一个很重要的原则，叫作“等”。

等，一般发生在对话过程中，这时候你和对方已经有一些交流了。每当你想插话、打断的时候，再等一分钟，听对方把话说完。

我眼睁睁看过一个就差这么“一分钟”的案例。有一次，我和朋友在吃饭，一个男性朋友中途看了下手机，发现有几条妻子发来的信息，他就回了一条说：“我在跟几个朋友吃饭。”对方秒回：“你能不能说一下几点回来？孩子明天有轮滑比赛，你不知道吗？你不管这个家了吗 ?!”

但是我们都看到，这个男性朋友本来是在输入信息的，他打的字是“我 9 点前一定回家，孩子明天的参赛装备我准备好了”。收到妻子的这几条信息后，他气得不行，删掉了本打算发的这行字，把手机扔到一边，不再回信息。

结果，他的妻子没几分钟就打来电话，可想而知，两人大吵一架。

他说在他们家，这种情况经常发生。他的妻子会在第一时间把他解读为一个“很差劲的人”，完全不给他一点儿空间。只要有那么一点儿空间，他们之间的很多争吵都不会发生——也许那点儿空间只要一分钟。可是，我们着急赶路，总是忘记给最亲密的人哪怕一点点耐心。

等一下，你也许会得到惊喜。多等一分钟，有时候甚至都不需要一分钟，不同的结果就产生了。

刚开始练习的时候，我们可能会感到不舒服：“怎么这么委屈啊，又是忍又是等！”当然，如果你没什么诉求，不需要这段关系，你可以打断沟通、不再倾听。学会倾听，不是说要做一个老好人，事事退让；学会倾听，是建立在合作的基础上的，是因为我们想要共同实现一个目标。

我们需要倾听员工，因为我们在合作运转一家公司，他们从一线业务现场带回来的意见很重要。我们需要倾听孩子，因为我们爱他，在乎他，希望他过得好；更重要的是，孩子本身就是一个独立的人。我们需要倾听爱人，因为我们是生活上的合伙人，我们彼此支持；也因为亲密关系的质量，直接影响着我们的幸福感。

我们甚至需要倾听自己，因为只有自己才是自己此生最好的朋友。

由此可见，忍住、等对方把话说完的好处显而易见。

我有一个印象很深的故事，每次说到倾听这个话题时都会分享给对方。

在某个活动现场，一位主持人问一个长大想要当飞机驾驶员的小朋友："如果有一天，你开着飞机飞到太平洋上空，结果所有引擎都熄火了，你会怎么办？"小朋友说："我会先告诉坐在飞机上的人绑好安全带，然后我挂上降落伞跳出去。"现场的观众笑得东倒西歪。有人嘲讽地说："哎呀，小小年纪这么有心思啊。"也有人对自己的孩子说："你看，他这样做太自私了，我们不能学他。"

但主持人继续注视着孩子，等他说话。小男孩停了停，睁大眼睛说："我要去拿燃料，再回来救大家！"

现场瞬间安静下来。

我们常常以己度人，以为自己什么都知道。实际上，你停下来，再听一分钟，就可能会发现，对方想说的和你刚才想的不一样。所以，最好的倾听心态，就是"我知道自己不知道"。

当然，还有一种情况，就是你真的知道对方要说什么——你比对方有经验，你比对方年龄大，事情发展早就在你的意料之中。但这不意味着，你就不需要倾听了。

因为沟通是双向的，不是你觉得自己知道就可以结束对话了，要知道，你对面还坐着你的“合作伙伴”。

曾经有一位高管走进我的办公室，跟我反馈最近做项目时遇到的问题，她觉得自己的搭档没有给予自己应有的支持。

听完前面几句，我大概就知道，她想表达的是，她需要授权，需要有管理搭档的权力，她想要公司调整组织架构。我心里有点儿着急，一是我手上有很多事情，这件事我已经和她沟通过一次了，反复沟通太耽误时间；二是她的搭档不想被管理 ，这一点这位高管也是知道的，但她仍再次来找我，这让我心里有些情绪。但我也知道，如果我处理不好，失去这名同事，对公司也是一个不小的损失。

这时候，我有两个选择：

1. 直接告诉她：“我懂你的意思，你觉得是因为自己没有管理权限，才导致这个结果。但这不一定是真实原因，你要从大局着想。你现在有情绪，等你平复一下我们再谈，接着去工作吧！”

2. 等她说完。

我选择了第二项，让她充分表达。在接下来的 15 分钟里，那束光一直打在她头上。我的念头也随着她的讲述而不断变化："哦，她的确是好委屈呀。""啊，原来她是这样想的。""嗯，她也不是不为公司着想。"

慢慢地，她的声音也没有刚进来时那么尖锐、那么紧张了，说到最后，她的身体忽然放松了，靠到椅背上。"你怎么想呢？"她问我。然后我们又花了一些时间，讨论我目前的为难之处。我惊讶地发现，她也开始听我讲话。也许是倾听给彼此都留出了足够的空间，虽然我们没有在当下达成共识，但是两人都很平静。后来又经过两次沟通，事情得到了不错的解决。让我意外的是，结果并不是她一开始期待的，但是她欣然地接受了。

如果当时我没忍住，抢在她开口前把她挡回去了，那么我就失去了听到她后面好多想法的机会。现在回想起来，不免觉得万幸。而且，她若是就这样离开，对我、对这个公司，都会产生误会与隔阂。

倾听的确帮助了我。通过有效倾听，我们消解了情绪，澄清了彼此的误解，而且能站在对方的立场上了解对方如何看待和感受同一件事。在这个基础上，我们才有机会发挥自己的才智，想出更好的解决方案。

这种感觉，你如果亲身体会过，就会发现它非常美妙。它让我看到了自己的无知，看到了先入为主造成的思维盲区。

全球知名美容美妆品牌的创始人玫琳凯曾说："不论什么时候，当我遇到一个人，我都会想象对方身上挂着一个隐形的牌子，上面写着，'让我觉得我很重要！'"

这就是成熟的合作者的姿态。无论什么时候，当你遇到一个人——不管他是谁，不管他是否年轻、是否青涩，哪怕看上去没那么有道理——你都要试着把那束光打在他头上。也许，他会给你带来意外之喜。

反应式倾听的第三步是，问。

沟通是一个互动过程，你来我往才能构成最完美的沟通。“忍”和“等”给了双方一定的空间，接下来，通过提问，我们可以进一步明确自己是不是真的听懂了对方的话。这里给大家介绍两种提问方式：复述式提问和开放式提问。

在复述式提问中，你可以说出你认为对方要表达的意思，然后让他确认你说的对不对。

看看以下几个例子。

你可以说：“所以你是说，这个月用户的增长速度变慢，是因为产品的改版引发了用户的排斥。我这么理解对不对呢？”

而不是说：“不可能是产品改版的问题，我觉得是增长方式出问题了。”

你可以说：“好，我想确定一下自己是否真的了解实情。你经常觉得焦虑和沮丧，是因为公司的任务指标定得太高，你觉得很难完成，对吗？”

而不是说：“你就是太把压力当回事了，每个人都有任务啊，别那么敏感。”

这些提问的目的，是为了确认你是否准确地理解了对方的意思。它们的结尾是："对不对？""对吗？""是吗？"这样的结尾，会让对方感觉到被理解，这会加深你们之间的信任，为后面的探讨提供更多情感支持。

为了更好地倾听和理解对方，我们还可以使用开放式提问，它的目的是邀请对方说得更多。

比如以下这些句式：

"关于产品改版给你们销售部门带来的影响，你可以再多说一点儿吗？"

"嗯，你觉得焦虑是因为觉得公司业绩指标定得太高，难以达到。还有别的原因吗？"

"我发现我们的合作好像有一些问题，我不知道是哪里卡住了，你可以说说你遇到了什么困难吗？"

开放式提问的关键，在于给出一些开放性的问题，引发出对方更多的分享。在这个过程中，你将了解到更多，而对方也会感受到更多关注。当你已经充分理解了他时，他自然就会愿意打开心扉，倾听你想说的。

以上这些都是反应式倾听的方法。但比起方法技巧，更重要的前提是倾听的态度："我认为你的话很重要，我很好奇，我想知道你在想什么。"

如果仔细观察，你会发现生活里有一种人，他们把倾听提到了一个更高的境界，我把它称为"行动式倾听"。

行动式倾听就是，“我不仅听到了你说的，还会根据你的想法做出行动”。美国政治家希拉里 · 克林顿就是这样一个倾听者。一位名叫格林斯坦的记者，曾经说过他和希拉里之间的两个故事[①]。

第一个故事发生在 1988 年，当时，希拉里在阿肯色州工作，她的丈夫比尔 · 克林顿还是阿肯色州的州长。格林斯坦想发布一个报告，让更多的媒体来关注穷人群体。他给希拉里的助手打了一个电话，讲了他的想法。没想到希拉里立刻给他回电，问他要了一份报告，然后当晚就读完了，并且打电话问他：“你打算如何发布这份报告？”

格林斯坦说，他想在一个媒体发布会上发布。希拉里对他说：“不要这么做，这样影响力不够大。我的丈夫比尔 · 克林顿将在一个重要的会议上讲税务的问题，在他讲完之后，他可以把你推荐出来，让你亲自讲这份报告。”最后，按照希拉里的安排，这份报告果然受到了大众的广泛关注。

在这个案例中，希拉里给了格林斯坦一个更大的舞台，让他的报告被更多人听到。在第二个案例中，希拉里的快速反应产生了更大的影响，甚至改变了美国政策的制定。

那时，比尔 · 克林顿已经成为美国总统，他提出了一个法案，旨在帮助穷人照顾家庭，让他们负担更小地投入工作。但格林斯坦又做了一份报告，他发现，按照现在的预算去执行，克林顿将无法完成他的目

① 案例来源：https: //www.vox.com/a/hillary-clinton-interview /the-gap-listener-leadership-quality。——作者注

标。他怀着试一试的心情，把这份报告发给了希拉里。他心里也在打鼓：希拉里会在乎这份报告吗？这份报告在下午 2 点的时候被发送到希拉里的邮箱里，结果在第二天早上 9 点，希拉里就把格林斯坦叫到了白宫。最终，克林顿根据格林斯坦的建议，增加了这项政策的预算。

看到这个案例的时候，我心里暗自惊叹，希拉里真是一个高效的倾听者，她不仅能听到对方的观点，而且会迅速采取行动。格林斯坦说他有份报告，希拉里当天晚上就读完了。格林斯坦说他有质疑，她马上就叫他来面谈。可以看出，格林斯坦深受触动，后来他把这两个故事反复拿来讲。

抛开希拉里的地位不说，单就这种即刻付诸行动的反馈，已经足以让人产生强烈的被重视感。

在我们的职场生活中，这也是值得借鉴的一种互动方式。

有一次，我们公司举办了一场新员工转正答辩，答辩现场有一个问题是：“如果要你对公司提一个建议，你会提什么？”

有位新员工认真地想了一会儿，告诉我们：“我的建议是给设计部门的。有时，业务人员提出一个设计需求，有的设计师会问，‘你们有参考图吗？’但一个好的设计师会主动给业务人员提方案，他会认为自己可以在专业上更进一步。”

我记下了这个建议，答辩结束后反馈给了设计部，之后设计部给出了解释和进一步的想法。紧接着我做了一件事：把跟设计部的沟通内容整理后又反馈给了提建议的同事。

这件事对我来说，才算是真正的“倾听完成”。

有朋友问我，一定要这么麻烦吗？每件事都这么照顾到别人，不嫌累吗？

对我来说，我不会在每件事上都有这么长的倾听路径，这不现实，除非我们已经是合作关系。同事、朋友、家人——我们以不同的形式产生了联结，所以我们需要更好的互动。

而且，我并没有以“照顾别人”为目的，我只是想弄明白对方真正的意图和感受。更重要的是，我也希望自己被别人这样对待——希望我对面的那个人不会轻易地反驳我、质疑我，把我放到敌对的位置上，希望他总是以合作思维开始我们的沟通，认识到摆在我们面前的这个问题以及我们目前的麻烦，是需要我们共同解决的。

我希望在我对面的那个人说出的每句话都能被听到，并且有回应，所以我会这样对待别人。

一直以来，我们都更容易把倾听和女性特质联系起来，而且我们并不是以一种积极的眼光在看待它。

在无数影视剧里，20 世纪 60 年代的美国，做打字员、接线员工作的几乎都是女性，而做管理工作的几乎都是男性。我们似乎都认同这种角色分配：让男性冲在前面说，女性在后面听。

我们习惯认为，会说的人才拥有影响力，比如那些在台上演讲的政客，还有在舞台上“金光闪闪”的脱口秀主持人。和说相比，听似乎更次要，也更容易。我们认为，一个人只有不知道该说什么、不知道怎么说的时候才会去听。听，不是一种主动的选择，而是一种被迫的、退而求其次的选择。

但在这一章里，这个观念被颠覆了。我们论证了倾听的确会给人带来意想不到的影响力。

随着时代的多元化，女性的很多特质被重新认识，我们不用变成谁，我们只需充分利用我们本来的特质——比如擅长倾听——就能发挥属于我们自己的影响力。

回顾

在非合作思维中，我们更关注自己要说什么，以证明自己是对的、对方是错的。但是在合作思维中，对方要说的话，将成为我们合作中很关键的部分。这样转念一想，你就会认真地倾听对方想说什么，从而达成合作。

对此，我提出了两种倾听方式：反应式倾听和行动式倾听。

在反应式倾听中有三步：忍、等、问。

在技巧背后，更重要的是倾听者的心态：“你很重要，我想知道你怎么想的。”

当我们把这种真诚的态度做到极致，就会进入行动式倾听的阶段。这时，我不仅能听到你，还会对我认同的部分采取行动。这种行为本身就传递出对他人的尊重，能够建立起良好的互动关系。

第 3 章

共情能力：最高级也是最基础的一种人际能力

先处理情绪，再处理事情。有了共情能力，你就能在最短的时间里与他人建立信任，发挥自己的影响力。

“共情”这个词大家都不陌生，这几年甚至可以说它是各种沟通课程里的核心词了。我们夸一个人会说“她好通情达理哦”；养育孩子，也提倡共情式沟通；商业领域更不用说了，处处提醒我们要站在用户的立场，共情用户。可见，共情作为一种特质，已渗透在人际交往的各个领域。

共情能力也是我认为最符合影响力特质的能力，因为影响力是“用别人乐于接受的方式改变他人认知和行为”的一种能力，而共情无疑是最贴近“让别人乐于接受”的能力——你得先理解别人，才有让别人乐于接受的可能。

关于共情，我有一个关于英国女王伊丽莎白二世的故事[①]。

2014年，诺特医生刚从叙利亚战争中回来，受到英国女工伊丽莎白二世的接见。被女王亲自接见，对大多数人来说都是一件荣耀的事情，但问题是，诺特医生不是普通人，他是一名PTSD患者。PTSD即“创伤后应激障碍”的英文缩写，指当一个人由于应对重大压力，比如经历了死亡威胁，或者目睹他人死亡、威胁和伤害所导致的延迟出现和

---

① 案例来源：https: people.com /royals /queen-elizabeth-and-her-corgis-helped-a-war-surgeon-with-ptsd /。——作者注

持续存在的精神障碍，其症状是注意力不集中、情绪暴躁、易怒，有时甚至无法开口说话等。

在白金汉宫，诺特医生的这些症状忽然集中爆发。他坐在女王对面，无法集中注意力，说不出话来。

诺特后来回忆说："我并不是不想和她说话，我只是不能。"

女王发现了诺特的异样，她问他："有什么我能帮你的吗？"

诺特医生一边忍受着病症的煎熬，一边想："你能帮我什么？谁也帮不了我！"

如果是你，你会如何应对这种情况？紧急叫医生？若医生赶来，就会带走诺特，一场无限期待的会面就这样被打断了。可想而知，诺特日后回想起来，该多么沮丧。

或是不断询问诺特："你怎么了？"虽然女王的出发点是关心，但在那个时候，无疑会引起诺特更大的焦躁和不安："这可是女王啊，天哪，我怎么能在这个时候发病呢！"

事实上，女王做了什么呢？她递给诺特一块饼干，说："我们为什么不喂一会儿狗呢？"他们没有再继续坐着交谈，而是花了20分钟时间喂狗。没有人说话，两个人只是静静地看着狗吃饼干。20分钟后，诺特感觉好一些了。

这20分钟，诺特医生几乎记了一辈子。直到十几年后的今天，他还是不断通过书信和口头语言的方式，一遍遍回忆那个场景，足以见得这件事对他的影响有多大。

也许是因为他面对的是英国女王，所以这段经历让他无限珍惜。但我看到的是，女王深深打动了诺特的心——“我给你的，恰好是你想要的”。

这真的是一种超高级别的共情能力。

但在我们的生活中，大多数时候并不是这样的，反而是“我给你的，恰好是你不想要的”。

《非暴力沟通》的作者马歇尔·卢森堡在书中分享过他和女儿的一件小事，从另一个侧面反映出我们日常中以为的共情是什么样的。

有一次，马歇尔的女儿照镜子时突然愤怒地说自己丑得跟猪一样。很明显，女儿对自己的外形不满意，也有可能是之前受到了同学的嘲笑。孩子处于青春期时，总会有这么一个对外表过分敏感的阶段。

这个时候，马歇尔马上想到要回应并且鼓励女儿，于是他对女儿说：“你是全世界最漂亮的女孩。”

听上去这像是一个好爸爸式的共情反应，但是，你猜他的女儿作何反应？她愤怒地摔门而去。

再回到我们自己的生活中。

马路上，有个小朋友跑着跑着摔倒了，他的妈妈见状，第一句话是：“都跟你说了，不让你乱跑，你看看！”

打预防针前，小朋友怕得不行，哭得撕心裂肺，他的身边围着的一圈大人，从护士到爷爷奶奶都在安慰他：“打针不疼啊，你看别的孩子都不哭。真的一点儿都不疼！”

我小时候听到这些话时，总是觉得很愤怒，但是那时候我太小了，根本不明白自己为什么愤怒。

后来我做了妈妈，带儿子第一次去诊所看病，当他哭得一头汗时，周围又响起了同样的声音："打针一点儿也不疼，宝宝别怕，都还没开始打针呢，有什么好哭的！"那个瞬间，我好像一下子回到了小时候。

所有人都跟我说没什么好怕的，可问题是，我真的很怕针头扎进来的瞬间，而且很怕的感觉并不会随着这些"安慰"的声音消失。

于是，我拉着儿子的手对他说："宝宝，你是不是很害怕？打针一定很疼吧？妈妈也有点儿紧张。"我儿子那个时候很小，但是他听到这句话时，一下子扑到我怀里。我在那个时刻忽然理解了，原来小时候的我想听到的，就是有人站在我身边跟我说："孩子，你很害怕吧？"

每个人都渴望被共情，人和人之间的关系只有在共情的基础上才能建立良性循环。已经有无数研究表明，如果你跟对方的互动和反馈是有爱的、有同理心的，那么他们就会感到持久的愉悦，同时会以更加开放和真诚的态度对待你和你们的关系。

问题是，为什么在某些人身上，共情好像很容易，可以随时像水一般流淌出来，但是在另外一些人身上，哪怕他们很努力地"关心"别人，却总也给不了对方想要的？

那让我们先来了解一下什么是共情，只有懂得了共情的本质，才有可能做到"真正的"共情。

"共情"现在几乎随处可见，是比较时髦的一个词。荷兰心理学家弗朗斯·德瓦尔在其著作《共情时代》中写道，最早提出“共情”这个概念的是德国心理学家特奥多尔·李普斯，他在看杂技表演时受到了启发。

我们看走钢丝表演时也有类似的体会，明明是那个杂技演员在钢丝上走，可是当他做着高难度动作，看起来命悬一线，似乎马上就要从钢丝上掉下来的那一瞬间，我们的心也提到了嗓子眼儿，那一刻就好像是自己在钢丝上左右摇晃，我们体会到了那个演员的紧张和压力。李普斯一开始用一个德语词来形容这种情感相通的现象，这个德语词按字面翻译是“感觉进去”，后来改为“empathy”这个词，即“共情”。

“感觉进去”这四个字简直太生动了。我们仿佛进入了对方身体，和他的感觉连为一体。仔细想想，如果人类不具备这种“感觉进去”的能力，只能从理性上认识对方的喜怒哀乐，那又会怎样呢？面对别人的情绪感受，我只能在“外围”打转，感觉自己“无法进去”。有了共情，我才能“感觉进去”，让对方的喜怒哀乐实实在在发生在我身上。平克·弗洛伊德乐队的一句歌词放在这里最恰当不过了：“我就是你，我眼睛看到的就是我。”（I am you and what I see is me.）你的情绪就是我的情绪，这样我们才能在情感深处真正连通，人和人之间才不会互为孤岛。

这样看来，认为共情这种能力“神奇而伟大”也毫不为过。而且，这种神奇而伟大的能力其实在我们祖先身上就有了，在动物身上也有。

心理学家在对老鼠和猴子的实验中都发现了共情能力。20 世纪 60 年代，美国心理学家进行了一项研究，发现如果恒河猴察觉到自己拉一下链子就能得到食物，但是这种得到方式会以同伴遭电击作为代价，它们就会不再拉链子。

1992 年，意大利帕尔马大学的一个研究小组发现了这种情况背后的原因：当一只猴子看到其他同伴遭到电击时，它的神经元也会释放出痛苦的信号，让它感觉自己也遭到了电击。别的猴子的痛苦成了这只猴子自己的痛苦，这就是动物身上的“感觉进去”，可见动物也有共情能力。

一些生物学家和心理学家认为，共情能力让高等动物能够更好地了解和应对自己后代的情绪，有利于后代的存活；共情能力也能让一群动物中的个体更好地互相理解和协作，有利于群体的生存。

很多共情实验已经证明，即便是 1 岁的小孩也会对周围人伤心、难过的情绪做出反应，可见我们天生就具有共情能力。但是我们仍然会问，既然共情能力是人类祖先在进化过程中就拥有的能力，为什么有的人很会共情，有的人就做不好呢?

心理学家做了另一项实验。为了方便表达，我们假设实验中的一个对象叫作汤姆。心理学家先让汤姆和马克合作，然后让汤姆看到马克受苦，比如马克的手指被门用力夹了一下。汤姆看到这个场景的同时会被安排做脑部扫描。结果，研究人员发现汤姆大脑中与疼痛相关的区域被激活了。这说明汤姆对马克共情了。之后，心理学家又请出了另一个陌生人——杰瑞，让杰瑞欺骗汤姆，再让汤姆看到杰瑞的手指被门用力夹了一下，同时对汤姆进行脑部扫描。有趣的是，这个时候汤姆大脑的疼痛区域没有被激活，激活的是快感中枢。这就是幸灾乐祸啊！

我意识到，人们对合作对象更容易共情，而对于潜在的敌人几乎无法动用共情能力。

有些人很会共情，有些人做不到共情，答案就在这里——合作思维。

看起来，最终起作用的还是合作思维。当你把对方当成敌人，心里抗拒他、排斥他，你就做不到共情对方的痛苦，因为大脑的疼痛区域无法被激活，这是受生理条件影响的，根本不受你自己的控制。

当你没有合作的意识时，你的脑子里只有自己的目标，那么对方的情绪就会成为你达成目标的负担和障碍。

就像妈妈带孩子去打疫苗。妈妈的状态是："我工作很忙很累，公司还有一个必须要参加的会议等着我，迟到了一定会被老板骂……"看到医院乌泱泱一片人，妈妈此时脑子里只有一个目标：赶紧打完疫苗，撤。这个时候，一切阻挡这个目标的事情和人，都会不自觉地被妈妈列到"敌军战队"。孩子不听话、哭，背后的情绪都变成了"打疫苗过程中的麻烦"。一旦把情绪当成麻烦，那后面的动作就很好理解了——妈妈会下意识地通过否认孩子的感受来尽快解决这个麻烦，而不是去共情孩子。

只有妈妈把合作当前提，把孩子当成合作对象时，她的目光才能从打疫苗这个目标，转移到孩子身上——"我要跟孩子一起完成现在这个任务，他是我的队友"。这样，她就能暂时把自己的需求和目标放在一边，她本来就有的共情能力会被激发出来。这个时候，妈妈才能真正看到孩子的恐惧，并给他积极回应——而这时，她反而更能得到孩子的配合。

“对方的情绪是我的负担”这个想法在工作中特别多。有时我会听到这样的说法：“我们在工作，不要谈情绪，只谈事情。”有一些人认为共情是很低效的事情，但事实恰恰相反，共情不是只谈情绪，共情是先处理情绪，再处理事情。如果你有共情能力，能够深入别人的主观世界，了解别人的感受，你就能在最短时间跟别人拉近距离，消除一些不必要的误解，建立信任。

不管是在工作中还是在生活中，共情都是帮助你发挥影响力最重要的一步！

回顾

1. 共情是一种“感觉进去”的能力，它是我们与生俱来的能力。

2. 有时，共情能力会被你的非合作思维所阻挡。只要你启动合作思维，将对面的那个人真正看作你的合作伙伴，你的共情能力就会被激发。

第4章

运用共情式沟通：从对立到站在一起，从僵局到合作

不把自己的需求当成唯一，这样才能看到别人的需求。如果眼里只有自己的目标，你就会把对方的情绪和需求当作实现自己目标的绊脚石，从而无法进入对方的感觉去共情。

我们知道了共情是人们与生俱来的能力，很多时候我们之所以无法共情，是因为被非合作思维阻挡了。这时，我们就需要启动合作思维。

怎么做呢？

最好的方法是把抽象的思维落实到更具体的动作上：

第一步叫作“停一停，放一放”。

任何时候，当你需要共情却感觉不到共情时，请按下心里的“暂停键”。

比如，在商场里，你不想给孩子买玩具，孩子大哭大闹，这时真的太难共情了。“我的脸都被丢光了！这孩子太没教养了，都怪姥姥平时太惯他，也怪我自己总是忙着工作……现在可好，你看这熊孩子！”当这一堆念头涌现出来的时候，你的目标有且只有一个：压制孩子哭闹的情绪，赶紧拉他回家。

比如，在职场上，你的合作伙伴三番两次给你的方案提意见，眼看着时间紧、任务重，你心里的焦虑已经快爆棚了，这时候谈共情？根本不可能！

实际上，这恰恰是发挥共情最好的时候。云淡风轻时的共情，是锦上添花；危急时刻下的共情，才是雪中送炭。

这个时候，你更需要在心里按下“暂停键”，停一停，把这些习惯性冒出来的念头放一放，把自己的目标放一放。只有这样，你才能在心里和脑袋里空出一些空间，才有可能把目光转向对方。

停一停，把自己的需求放一放，不要把自己的需要看成唯一的中心，这样你才能看到别人的需要。这是共情的开始。

之后，我们进入第二个动作，叫作“拿起来”。

这个动作也很重要——你拿起的是对方的需求：

> “孩子在想什么？他这样难过，哭得一身是汗！哎，他真的好难过！”
>
> “我的合作伙伴，他提意见的语调都变了，他对产品质量的要求远超过任何其他人。你看他，急得语无伦次，原来他是想把这个方案做到完美啊！”

产生这些想法的时候，表明你已经开始“进入”对方的感受了。

“拿起来”的另外一个表现是，你可以把它“说出来”。别小看“说出来”这简单的三个字，它背后有一个专业的术语，叫作“言语化”，意思是所有的感受一开始都只是一个人身体主观的体验，是无法直接用理性、用大脑皮层加工的，也无法被表现出来——直到你为它赋予语言上的符号，可以直接说出“我的感觉是什么”，这时你才可以思考、讨论、交流。这是一种具有高度适应性的情感加工机制，是一种处理感受的方式。

当共情发生时，当你进入对方的感受时，你可以帮对方说出他的感受。

“买不到玩具，你好难过是不是？”

“方案总是不能让你满意，你也很着急，压力很大吧？”

这一刻，是人和人之间开始产生联结的时刻。你一定经历过这种时刻。

我参加过一场婚礼，新娘说，之前她和新郎一直异地恋，有一次她因为男友不接电话这种很小的事情大发脾气，事后又有点儿后悔，于是问对方：“我是不是太作了？”男友回她：“你不是作，你只是因为太想我，又见不到我才生气的。”新娘说，就是那个瞬间，她想跟这个人携手一生。

这种瞬间太美妙了，新娘告诉现场的朋友们：“他说出了我的感受，我相信他懂我，我愿意向他敞开心扉，进行更坦诚的沟通。”

你发现了吗？这是一个完美的合作过程，合作思维帮助我们启动了共情，共情帮助我们从敌对双方站到了一起，而站到一起又更好地激发了我们的共情。

当你经过反复练习，把这一系列思维模式固化成自己的习惯时，不知不觉中，你为人处世的方式也会改变，因为能共情到对方，你就更能得到对方的依赖和信任，更能产生有意义的交流。这个过程，是影响力发挥的过程。

这里有两个注意事项：第一，有时你可能确实不知道对方的情绪。不要紧，只要你有合作思维，只要你想要进入对方的感受，你就会获得勇气和动力。你可以大胆地承认自己不知道对方的情绪，并且主动询问对方是否可以说出他的困扰。比如，可以用这样的句式："我不知道你怎么了，但是我很关心你，你可以说说吗？"

第二个要注意的是，在言语化的过程中，你有时候会有一些错误操作，比如：

对那个想要玩具的孩子，你也许会说："你一定很难过吧，但你这样在公共场合大哭大闹是不对的！"

对着急的合作伙伴，你也许会说："你真的很着急呢！但你不能一直催我啊，你催我，我就更改不好了！"

有些话听上去是在共情，但我们常常一不小心就带出自己的建议和目的，尤其是对待孩子，我们常常认为孩子是没有办法解决问题的。

更好的共情方法是等对方发出邀请后，再给出你的建议，你也可以通过询问对方"你准备怎么办"来确定自己的建议是否合适。

在这里，我想分享一个自己常用的共情式表达方式："描述对方的问题 + 承认对方的感受 + 询问对方准备怎么办"。

拿我儿子打针的事情举例，我会说：

> "要打针了，你是不是觉得很害怕？那你是想现在赶紧打完，我们买个棒棒糖吃，还是等一会儿再打针？"

因为孩子还小，我没办法直接问他"你想怎么办"，所以我一般会给他两种选择。

同理，对待有完美主义倾向的合作方，你可以这样说：

“这个方案已经修改了五次，后天就要定稿了，你肯定也急坏了吧？我知道你对质量要求很高，但现在时间这么紧，我们有什么更好的方案吗？”

更完美方案的讨论和创意，可以从这一刻开始了。

除了上面提到的相对理性的方法，我还想跟你分享一个更加快速有效的方法：拥抱。

这不是开玩笑。如果你想共情的那个人是你的爱人、你重要的战友、你在乎的其他任何人，那么你无需复杂的方法，去拥抱他就好了。

为什么拥抱有这么大的魔力？在心理学中有一种“身体优先理论”，即人们都是先做出动作，之后情绪才跟上，简言之，动作引导情绪。当你和对方拥抱时，你会在情感上更加认同他，也更容易触发对他的共情，而对方也会在身体接触中感受到彼此情绪的流动。磁共振的扫描结果显示，身体接触会刺激我们的大脑皮层；还有一些研究表明，身体接触还会降低我们的心率、血压以及和压力相关的皮质醇水平。这些生理层面的反应会让你和对方的大脑在情绪上被调节得更接近同频。

在《锅盖头》这本书中，美国海军陆战队成员安东尼·斯沃福德讲述了他在海湾战争中的经历。有一天，他的部队即将出征对抗据说拥有化学武器的敌人，他的战友韦尔第为他们举行了一场拥抱聚会。“我们已经做好了赴死的准备，就让我们最后拥抱一下，享受最后一次身体接触吧。多亏了韦尔第，我们互相拥抱，让我觉得自己又像个人了。韦尔第对我们敞开胸怀，让我们感受他的需要，我们也将自己的心敞开，这样，我们就不再是从前那帮粗鲁野蛮，只会在沙漠里待命、跨越战壕、凶残杀戮的傻大兵了。”

你看，这就是拥抱的力量——最近距离、最大限度的共情。

回顾

共情是一种很重要的能力。研究发现，共情是一种脑神经机制，每个人都拥有共情的能力。我们之所以有时无法发挥共情能力，是因为我们被非合作思维阻挡了，我们眼里只有自己的目标，我们把对方的情绪和需求当作阻碍自己实现目标的“绊脚石”，所以无法进入对方的感觉。

怎样才能实现真正的共情？请记住两个具体的步骤：

“停一停，放一放”和“拿起来”。

第5章

向上影响：跳出惯有的“考试思维”，实现自己的影响力

面对权威，我们常常感到自己是被动的、无力的，好像自己只是一个执行命令的机器。事实上，你可以通过练习获得向上影响的能力，进而管理权威、影响权威，让他们为你想做的事提供资源。

在生活中，我们总是免不了和比我们权力更大、地位更高的人打交道。职场中，最常见的权威之一是老板。和老板的相处，已成为职场人士的一大难题。

有数据统计，有88%的人离职的原因是跟老板或直属上司不合。“因公司而来，因直属主管而走”的大有人在。

知名领导力教练马歇尔·戈德史密斯引用过这样一则统计数据：在美国，上班族平均每月会花15小时抱怨老板。以一个月30天来算，上班族每天要花30分钟来骂老板。你仔细想想，上一次抱怨老板是什么时间？是不是就在今天？

我有一个资深的HR（人力资源）朋友，她在一线互联网公司和投资公司都工作过，她们公司定期有“HR聚会”，主题就是吐槽老板。我也问过一些对老板不满的朋友：“你的这些想法老板知道吗？”他们普遍的反应是：“没什么可说的，老板的决策只要听着就好。实在坚持不下去，再考虑换工作吧。”

换份工作，换个老板，情况就会改善吗？

十几年前，我参加工作的第一年，老板对我说：“你要记住，天下老板一般黑。”当时我特别不理解，后来经历的多了，每当心生怨念的时候都会想起他这句话，让人哭笑不得——这位老板也太精明了吧，提前给我打了“预防针”。

因为工作关系我走访了很多企业，采访了一些企业家和高管，结果发现每一家公司都会有雇主和雇员之间的矛盾，员工对老板敢怒不敢言，只是一味闷头执行。出了问题，他们比谁都委屈：“我能怎么办呢，都是老板的决策啊！”

不管是大公司还是小团队，员工和老板之间的关系都是不能被忽视的问题。

大多数时候，我们对待工作中的权威都很被动。不只是对待老板，对待工作中的重要客户也是如此。我们公司以前有个同事对重要渠道方的态度就很能说明这个问题。她说：“这个渠道方实在太重要了，他愿意和我们合作，就已经是巨大的恩赐了。他提的要求我们好像只有点头答应的份儿，哪里还有勇气去谈条件呢？”

这是大多数人面对权威的典型态度。

不论面对的权威是老板还是客户，我们常常会有一种共同的感受：“我是被动的、无力的，我只是一个执行命令的机器人。”

但我也的确见过一些人，他们跟权威的互动关系不是机械式的，不是“满足你就不能满足我”，相反，他们之间的关系非常灵活。

有“华人卡内基之父”称号的黑幼龙先生是我非常敬佩的一位前辈，他凭一己之力，把卡内基培训在华人地区推广得风生水起，一度做到全球最佳业绩。他今年 80 多岁了，待人接物仍然温和坚定，他在无形中教会了我很多职场之道。让我同样佩服的，还有他的副总裁黄德芳（Wonderful）女士，她跟随黑幼龙先生 20 余年，奋力拼业绩，到处去讲课。最关键的是，她把这个对事严谨的老板管理得“服服帖帖”。我们跟黑幼龙先生的很多次合作都是由黄德芳女士促成的。

我创立的 Momself 公司跟黑先生的最近一次合作是共同策划一个亲子养育的课程。我们见面时才得知，黑先生最开始拒绝了合作邀约，毕竟他年事已高，要定期从台湾到大陆来录制课程，是件很疲累的事情。但是黄德芳女士却在谈笑风生之间就把我们的见面给安排了。我仔细观察他们的互动过程，发现黄德芳女士真是一个管理老板的高手，高大健壮的黑先生坐在瘦小的黄德芳女士身边，却完全被她带着节奏走，最后几乎是愉快地接受了安排。

有一个细节是，黑先生说自己没时间来大陆拍摄，黄德芳女士想了想，开口说：“嗯，我们也不一定拍摄视频，可以录音的，这样就不用来回跑。黑先生，您觉得呢？但是您最有影响力的时刻，就是当面跟大家交流的时候，这样效果好，而且能满足你最开始的心愿——让更多的家长受益。对了，我们还可以请崔璀出镜，跟你一起对谈。”

黑先生犹豫了一下，说：“今年 7 月我要到大陆出差，可以一并安排拍摄。”

我在一旁听着，忍不住笑起来，简单的几句话，黄德芳女士并没有铆足了劲儿要说服黑先生，她轻描淡写，但是句句都在点子上。她说黑先生很有影响力，其实她举手投足间也有种无形的影响力。

很多人觉得这是性格的原因，内向木讷的人只有羡慕的份儿。但事实上，这种向上影响的能力是可以通过后天练习培养出来的。

在这一章，我们来看看怎样才能跳出惯有的被动局面，管理权威，进而影响权威，让他们为你想做的事情提供资源。

先来讲个故事，主角也是一位有影响力的女性——光明乳业集团前董事长王佳芬。

光明乳业在今天仍是中国奶制品行业中被人津津乐道的品牌，但是20世纪90年代初，它还是上海的一个小农场。王佳芬用了10年时间将其发展成一家上市企业。10年时间说长不长，说短不短，但对企业来说，如果其中任何一步棋走错，都会有致命的影响。同样，若是错过任何一个关键机会，也会损失很多的时间。

这10年对光明来说，最关键的机会出现在1994年。王佳芬在其著作《新鲜：我和光明15年》中记述，当时美国惠氏公司想和光明合作，生产速溶奶粉。要知道，惠氏公司在当时占有全世界17%的婴儿奶粉市场份额，如果不抓住这样的机会，光明就会在发展上落后竞争对手一步。当时正是万马奔腾的改革开放初期，一步之差可能就是生死之别。

就在这个关键时刻，王佳芬却面临向上影响的重大课题：这个合作机会在“上头”被卡住了。

因为同一时间，上海另一家乳品公司已经和丹麦投资方合资开设了一家婴儿奶粉公司，丹麦方面要保护既得利益，于是提出了排他性要求：上海不能再建婴儿奶粉企业。这个要求已经得到了上海农场管理局罗局长的首肯。农场管理局是光明乳业的主管部门，而罗局长对王佳芬有知遇之恩——当年正是他促成了王佳芬入主光明乳业。

你看，王佳芬陷入的正是典型的向上管理困局：如果只听上司的，一味执行命令，自己就会很委屈，关键是光明公司也会错过一个生死攸关的巨大机遇。可是，若去争取，她又怕失去上司的信赖，直接被否决。作为董事长，王佳芬面临的压力事关企业的进一步发展，所有重担都压在她身上，除了她，这件事没有第二个人可以解决。结果，她说服了罗局长，促成了光明和惠氏的合作。之后，光明集团不但走出了困局，而且把光明乳业推上了一个新的高度。

王佳芬是怎么办到的呢？

她做了一件看似非常简单却又极其关键的事：她问了罗局长一个“为什么”——为什么要引进丹麦资金，建立婴儿乳品合资公司？他做这件事情最迫切的目的是什么？

破局点就在这里。

不要小看这个“为什么”，这背后就是合作思维和非合作思维的分水岭。

我们在接到上司的任务时，一般会有以下几种反应：

1. 怀疑：“你这个想法不行吧？”摆一堆事实证明不行。

2. 反对：“啊，这不太可能啊，没人没钱，这太难了，我肯定做不了啊！”有人是直接说出来；有人是心里怀疑，但是嘴上不说，先干着。基本上遇到这种情况，最终都干不好，因为你在用行为去证明这事儿干不成，行为是被思维所影响的。

3. 提问：有过一定职场训练的人会弄清楚自己的角色——“我要干什么？我该怎么干？什么时候完成？”能做到提问已经算是有一定思路的职场人了，一些比较简单的工作，在这三个问题下也差不多能够完成。

但问题是，我们有时会面对任务繁重、时间紧张，甚至看起来不可能完成的复杂任务。如果面对这样的目标，我们只在这三个疑问词中打圈圈，又会发生什么情况呢？我们会一会儿纠结于“我到底怎样才能完成”（这是 how）；一会儿又抱怨老板“给我的这是什么任务”（这是 what）；一会儿又去抗争交付任务的“截止期限”（这是 when）。可你发现了吗？兜来转去，我们好像总也破不了局。

原因很简单，就是我们没有去问那个“为什么”——为什么会有这个任务？这个任务的相关合作方有什么诉求？

你也许会说：“为什么要知道这么多？老板的公司、上级的决定，我听着就行了。”

我们先来思考一个问题：“为什么我不问为什么？”

如果你仔细回想，就会发觉自己是如何形成这种“不问为什么”的思维习惯的。

从小到大，我们当学生去考试时，很少有问“为什么”的机会，我们只需考虑：做什么题，怎么做题，什么时候交卷。至于为什么要做这个卷子，题为什么这么出，是否可以换个题目，这些选项对我们是不开放的。评价一个学生是否优秀的标准通常是他能否出色地解出卷子上的考题，而非他能否去思考为什么要做这样的题目。这种考试思维根深蒂固地塑造了我们的思维模式和行为模式，以至于进入职场之后，我们也不假思索地把工作当成考试，把任务当成题目，上司出什么题我就解什么题，解得出我就能继续，解不出我就被踢出局了。

注意最后这句话，它很重要。“解不出题我就被踢出局了”，乍一听似乎一点儿问题没有，职场人不就是势必完成目标吗？但这里有一个很容易被忽视的问题，那就是：“你所谓的这道题，真的就是你理解的那道题吗？”

如果我们用的是考试思维，想的只是：“What? When? How? ”那么这道题就变成了：“按照规定，我无法和外资合作，所以我只有在不和外资合作的前提下尽快发展光明乳业？可怎么做得到呢？人家外资已经和竞争对手合作了呀？这道题根本无解嘛。”而且，考试思维在这里最荒谬的是，罗局长根本不是在给王佳芬出一道题，他压根就没出题。这个时候王佳芬若是还沉浸在考试思维当中，哼哧哼哧地“解题”，她还有可能扭转局面吗？

这也说明，考试思维本质上是非合作思维——非合作思维就是把合作看成结果，“我只有解开了题，才能合作”。仔细揣测下这个逻辑关系，“我只有，才能……”：一方出题，一方解题；一方主动出招，一方被动拆招。这不是什么合作，看上去倒更像比武。最要命的是，如果你用考试思维来应对工作，你迟早会考砸的。为什么？因为对于真正的考试出题来说，“What? How? When? ”确实很重要，出题者确认考生只要使用正确的方法，就能够在规定的时间内做出这道题。换句话说，这个过程是被设定好的，出题的组委会有一个任务就是控制难度。而职场中，上司做不到。商业社会的厮杀很惨烈，产品卖不出去就是卖不出去，业绩完不成就有可能破产，这个题的难度很有可能是超出预期的。所以，对上级来说，他要的是结果，他不会像出高考题那样，反复验证难度系数来考察你的能力——因为很多时候，题目难度也超出了他的能力范围，他自己也在解题呢，他也不知道正确答案。

所以这个时候，客观考察你的能力根本不是目的，结果才是目的；和权威一起达成目标，才是目的。

到这里，我们的思维已经开始转变了，你可以将转变后的思维代入正在面对的任务中，感受一下。

真正拥有合作思维的人根本不会去解这道无解之题，而是会把注意力放在“为什么”上面。因为合作思维下，没有解题压力：拥有合作思维的人会把合作看成前提，他不会去想题解不出，他就被踢出局了。而且，合作思维关注的是人，而不是题，它的视角不是“你出一道题，我解一道题”，而是我们需要一起来看看要达成什么目标，然后看看我们如何才能达成这个目标。只要能达成目标，所有的过程都有灵活变动的空间，绝非考卷上死板的题目。

再来看一个更贴近我们生活的例子：

木木是某经贸公司的经理，她所在的公司最近要供货给一个大型工厂。这是一个大客户，这笔生意也是她和这家客户之间的第一笔生意。

这批货按照海运的时间，最快要下周一才能到。但是，她突然收到工厂的电话，要求这周必须把货物寄到工厂，否则客户就要去找别家要货了。

木木该怎么办呢？若按照原定计划继续走海运，货物便无法如期交付客户，她就会失去一个重要的生意伙伴；但如果改成空运，过高的运费是她无法承担的，这笔生意必然亏本。

如果这时候木木运用的是考试思维，硬要把这道题解出来，她就是想破脑袋也没有用，因为没有出题人在背后给她控制这道题的难度，保证这道题是有解的。木木没有那么做，而是运用合作思维，问了对方一个关键问题：“你们为什么这么急要货呢？”

对方说：“我们的客户等着我们打样！”

木木又问：“既然只是打样，是否现在就需要所有货物呢？”

对方说：“打样的话，我看看，大概 1/10 的货就够了。”

木木说：“我今天下午就可以将订单中 1/10 的货空运给你，明天一早就能到。不管费用多少，都可以由我们来买单。”

就这样，木木既控制了成本，又满足了客户需求。

你看，我们的工作中并非都是毫无余地的必解之题，只要跳出考试思维，你就不再是个闷着头也做不出题目的被动考生。你可以成为和对方合作，共同确定目标、达成目标的主动玩家。

回顾

这一章讲述了向上影响的思维方式，虽然只是小小的思维转变，但这种转变决定了我们最终可以获得什么样的结果。

为什么有些人面对权威只能被动接受，而有些人与权威之间的关系却可以灵活多变？这背后就是考试思维和合作思维的差异。

想想看，在你的工作和生活中，有哪些地方也存在着这种思维差异？试着回想一下，给自己一个不同以往的视角。

第 6 章

向上管理：找到老板的核心需求，搞定不可能完成的任务

你不必喜欢或崇拜权威，也不必怨恨他，但你需要管理他，让他为组织的成效、成果以及你个人的成功提供资源。凿穿你和权威之间的那堵墙，和他站到一起，走向一个战壕，这就是你发挥影响力的过程。

上一章里我们提出了考试思维和合作思维这两种不同的思维方式，它会导致两种完全不同的行为。

每个人的大脑运转方式都不同。以前，我总觉得很多事情推进不了是沟通上有问题，但后来，随着对这个领域更深入的了解，结合学习的心理学和脑神经科学的知识，我逐渐意识到，人和人之间的分歧首先不是沟通问题造成的，而是我们不同的思维方式造成的，正是不同的思维方式导致了不良沟通。所以，不管是在课程中还是在我写的书里，我都会先讲原理、讲思维，这是一切行为的根源。只有看到不一样，才有可能做到不一样。

向上影响也一样，人们的思维模式不同，决定了其行为不同。一个有考试思维的人和一个有合作思维的人，两者处理问题的方式一定有极大的差异。

我有一个女性朋友艾达，她从小到大学习成绩一直很优秀，在学校，不仅当了班长，还会做一些在她能力范围内的其他工作。之后，她在职场上也做得很好，很有成就感，“解题”很成功。后来，工作变得复杂了，难度不断增加，题目好像解不出来了，于是她自己的心态先崩了。前段时间她离职了，原因是有一个复杂的项目她无论如何都处理不好。我后来跟她聊天，发现她带着强烈的愤怒和挫败感。我分析了艾达的这种情绪，发现其中有两个部分她没有处理好：

第一，艾达把自己的主管当老师了。当时，她的主管有个新立项的项目，而这位主管也没想清楚怎么完成。于是，每次艾达在操作过程中遇到各种挑战时，她就觉得："主管老师，你出的这个题不行啊，这怎么搞？"后来她发现这位所谓的主管老师根本没有答案。而且，因为项目太复杂，超出了主管的预期，他也开始有点儿控制不住局面了。这让艾达失望到不行。后来她跟我说，她对主管有一种完美预期，觉得主管不可能搞不定。于是，当她发现主管真的搞不定的时候，这对她的打击非常大。因为在艾达心里，主管不仅是老师，而且有时甚至像是父亲的角色一样，她认为他肯定有正确答案，他肯定什么都行。

第二，艾达把自己当成学生了。

艾达的目标很简单，就是完成业绩。前面几个月她的表现非常好，业绩出色。后来，那个复杂的项目出现了，她解不出来了。她非常努力，常常加班到半夜，但是仍然解不出来。恰好她的主管也有点儿考试思维，所以两个人都陷在惯有模式中，各自闷着头解题。

他们当月的任务是为一个一期 60 人的高价培训班招满生源。后来有一天，核心管理团队接到告知，说这期培训班不开了，因为只招到 30 多人。

可想而知，这件事对艾达的打击有多大——在她的世界观里，这相当于她考试不及格。问题是，艾达从小到大都是班长、好学生，这次怎么可以不及格？于是她先崩溃了，认为自己必须离职。

艾达说："我已经尽力了。"

我说："其实你并没有尽力，你离一个真正负责任的职场人还有关键的一步没走。你从来没有理解过这其中的'为什么'——为什么我们要做这个项目。"

这是实实在在发生在我身边的案例，结局也很让人遗憾。那我们一起看看，如何才能发现工作背后的"为什么"，让自己真正成为为工作负责的职场人？

方法只有一个，就是凿穿你和权威之间的那堵墙，让自己看清楚他不是老师，他没有在出题。只有凿穿这堵墙，与他站到了一起，你们才能拥有同样的视野，看到同样的困境及愿景，才能达成真正的合作关系。

在考试思维中，墙的一边是老师，他精心琢磨了一套题，等着检验你的能力；墙的另一边是你这个学生，正在战战兢兢地解题。

"凿穿这堵墙"这个想象很重要，请始终保持脑海中的想象。

第一个动作，在心里给对方颁一个"下岗证书"——他不再是你的老师了。不仅如此，他还需要你的帮助。你们之所以成为同事或者展开一段互动关系，不是因为你走进了这个"考场"，而是因为他需要战友，你要跟他一起完成一些看上去不可能完成的任务。对你来说也是如此：你已经进入社会，你需要的是战友，你们共同需要的不是一堵墙，而是一个战壕。你们在战壕当中，背对背，要互相守护和支撑。

我在面试员工的时候，总会问他们一个问题："你为什么要加入我们公司？”有些面试者会跟我说：“我想来公司的一个目的是希望学到很多东西。”我有时候会开玩笑说：“那你要给公司交学费吗？”

听上去很刻薄，但这是事实。对于新同事，公司当然会有培训、有师傅带领、有文化传承，以保证大家能学到东西，有所成长。但前提是，我们每个人心里都要非常清楚：“我是来创造价值的，是来跟团队一起作战的！”

成熟的职场人面对我这个问题的反应则是：“我想实现某些自我价值，同时，我还可以给公司带来很多价值。”

这就是凿穿这堵墙的第一个动作：他下岗，你上岗；你们站到了同一个位置，并肩作战。

凿穿那堵墙还要做一个动作，叫作“多心”——你要让自己总是思考一个“为什么”。

十几年前，我毕业后入职第一家公司的时候，只是一个实习生，但我做到主管只用了1年时间，之后升职到事业部负责人，再到COO，也都发展得比较顺利。我以前并没有深究过原因，只是觉得自己运气好。老板也经常开玩笑说：“因为没人可用啊，就只能用你。”后来有一次，我跟一个资深的财经记者聊天，他给了我一个反馈：“我采访了很多公司，发现一些比较成熟的职场人都有一个特质，那就是多心。”

我这才意识到，我的顺利不是平白无故发生的，这其中自有规律。我以前只是做编辑部主管，手下没几个人，公司跟我平级的主管有好几个。但每次高管开会，我都特别留心听公司的战略是什么，其他部门的业务怎么发展，然后在脑子里横向拉一个架构图，里面包括公司要什么、老板要什么、其他事业部在做什么、跟我的关系是什么。

那时，我丈夫总是嘲笑我，说我“拿着卖白菜的钱，整天操着卖白粉的心”。

对一些人来说，这样太累了，只管好自己的“一亩三分地”就已经很不容易。但是我觉得，我只有理解了整个公司的愿景和方向，才能真的把自己的“一亩三分地”做好。

如果不多心，不彻底理解公司的方向、老板心里的目标，我就不可能顺应公司愿景同步去架构自己部门的业务，我就只能机械执行任务。比如，老板说“你要做一个财经作者研修班”，我就茫然地去做。做一场线下活动，累得要命，我心里肯定满是怨言：“我不好好做书，跑来做这个干吗？”但当我了解到公司的愿景和意图是想做中国最好的财经出版公司，那么组织作者研修班的意义就很明显了。而且理解了“为什么”后，对于我要怎么设置环节，哪些事情不必要，我都不会毫无章法，而是有一颗闪亮的“北极星”在指引我——“为什么”，就是那颗北极星。

这么想来，“多心”是让我走到权威身边，跟他成为战友的一个方法。弄懂“为什么”，是破除考试思维和合作思维之间那堵墙的关键。

在上一章里，我讲过光明乳业前董事长王佳芬的故事，还记得她遇到那个巨大困境时询问自己的关键问题吗？她问的就是“为什么”——“为什么罗局长要引进丹麦资金，建立婴儿乳品合资公司？”这个问题她当时就给出了答案：罗局长最希望看到国内的牛奶公司对外开放，从而获得更大的发展。他对当时牛奶公司的保守作风很不满意，所以牛奶公司的对外合作是他的主要目的，而排他性条款是为了达成这个目的不得不接受的外资方条件。为什么王佳芬能这么快地回答这个为什么？因为她“多心”，她平时就会留意主管部门和主管领导的意图和走向，她了解罗局长。《新鲜：我和光明 15 年》这本书中还讲到，王佳芬知道，罗局长的开放意识、竞争意识、发展意识在当时上海局级领导层里属于先行者。这种平时的功夫，在关键时刻帮她做出了正确判断。

美国有一家传奇公司奈飞（Netflix），它出品了很多知名度很高的影视剧。在美国，奈飞公司与脸书、亚马逊、谷歌并称为“美股四剑客”，在商业市场取得了巨大的成功。这家公司有一份著名的企业文化和组织管理文件，叫作《奈飞文化手册》，被称为硅谷最重要的文件。这个手册中有一条是：“员工需要以高层管理者的视角看待事物，以便感受到自己与所有层级、所有部门都必须解决的问题之间有真正的联系，这样公司才能发现每个环节上的问题和机会，并采取有效行动。如果员工不了解业务，那一定是管理者失职。”

凿穿那堵墙的第三个动作，是去问。

如果你已经理解了为什么要凿穿那堵墙，如果你试图多心，但还不确定自己对“为什么”的答案理解到位，不确定自己已经跟权威走到了同一战壕，那么最有效的方式就是去问：“为什么？我们为什么要做这件事？”

回到一开始讲到的艾达离职的例子：当期高价课没有招满学员，所以艾达团队自行决定停办。你有没有注意到一个细节，核心管理团队是被告知停办的，因为操盘人觉得她的任务就是招满生源，没有招满，就停办。这是当时最大的矛盾点。因为这件事，艾达和主管之间产生了很大的冲突。后来冷静下来复盘整件事，艾达感觉到在她和主管之间有一道坚固的墙——我们的沮丧感往往就来自这些时刻。对方觉得："我已经尽力了。"而你觉得："你根本没有理解公司到底要什么！"如果当时艾达去问公司"为什么"，她会知道，公司希望通过这个项目服务一批最核心的高净值用户，同时维护这个项目的讲师团队。从这个角度来看，哪怕只有 40 人，保证这个项目实施才是最重要的。而由于在这个点上没有达成统一，高层认为只要没达到 60 人开班标准就停办，这根本没什么商量余地。所以他们很不理解艾达的愤怒："人数不满就停办，这不是很正常吗？你为什么要发这么大的火？"

你看，在这堵墙的两端，她觉得对方错得离谱，对方也觉得她不可理喻。这是彼此最孤独的时刻。

关于"问"这个动作，责任不仅仅在员工身上——当然，员工需要摆脱考试思维，真正成为一个能担责的职场人。一个人只有拥有合作思维，才有可能发挥出他在职场中的影响力。但是，公司也要承担起自己的责任，那就是建立这样一种文化：让公司里的每个人都能理解"为什么"。公司需要去创造一个可以被提问的环境，并且把这个价值观贯穿到每个人的内心。

奈飞公司提倡的价值观是双向沟通，公司鼓励员工可以对上至

CEO 在内的所有管理者提问。奈飞拥有著名的“新员工大学”，他们会告诉每一位学员，如果你不提问，你就不会得到答案。这就相当于给了各个层级的员工一种许可，让他们可以不受约束地提问并获得答案。公司上上下下都提倡一种“好奇”文化，这意味着管理者经常会因为有人问了一个好问题而得到一些重要的启发。

当你用提问获知权威的真正目的之后，你会发现，很多看似高得完不成的项目，或者不合理的要求，都变得可谈了。原来，这个世界根本不是你以为的非此即彼、非黑即白。于是，我们就有了下一个动作——谈判。

王佳芬在《新鲜》一书中讲到，当她知道了罗局长的意图和目的后，是这样谈判的：“婴儿奶粉在未来是一个战略制高点，利润丰厚，如果光明和外资合作，就能占领这个制高点。光明正处于成长的关键阶段，必须抓住一切成长机会；而这次合作正是光明的关键机会，我们相信会给上海乳业带来惊喜。”

她在书里说，放弃总是容易的，这既能让自己的工作简单化，又不违拗领导的意思。但这不是一位领导者该有的意识，她必须抓住一切成长的机会，努力争取。

之后，她还和罗局长进行了对于可操作性的讨论，证明这个合资项目是可以马上开展的。最后，她获得了罗局长的首肯和支持。罗局长表示，他会去做通政府有关部门的工作。王佳芬还主动跑了外资委、农委等部门，继续沟通谈判，争取到了相关部门领导的支持，最终促成了合资。

这就是谈判带来的第一种好处：赢得更多额外的帮助。

影响力是在与人不断互动中发挥出来的。但是，比谈判更难的，是有勇气迈出谈判的那一步。合作思维可以给予我们这份勇气，因为我们是站在一起的战友，而不是你在考我、我要解题。所有问题都可以谈。

谈判能带来的第二种好处是，它或许能帮你找到替代方案，完成权威人士的要求。

我曾与一位同事合作过，在此，为方便描述，暂且称其为 B。B 的逻辑非常清楚，能力很强。每次要上马新项目，她都会花很长时间跟我沟通。B 说："我只有理解为什么要做这件事，才能放手去试。一种方法不通，可以找另外一种方法。而能保证我不跑偏的一个原因是，我知道我们要去哪里、为什么要做这件事。"

不要害怕和老板谈判，对他而言，最重要的是任务背后的那个"为什么"，他并不在乎你会改变什么，或者你要用哪种方法去完成它。

破除"权威是老师"的固有思维，在工作中保持多心，直接问出来——这都是凿穿那堵墙的关键动作。

很多朋友会说："那是因为你碰到的都是好老板，愿意放权，不干预你。我遇到的老板都是控制欲很强、一直盯着我各种工作细节的，让我觉得很不舒服。"

老板如何并不是最重要的。最重要的是，整个过程中，不管你是通过理解"为什么"，通过谈判改变了权威的指令，还是由于理解了"为什么”，有效执行了权威的指令，你都在无形中对权威施加了影响力，这种影响力就叫作“信任”。

本书的推荐人之一是陈愉女士，她是美国洛杉矶市前副市长，著有畅销书《30 岁前别结婚》。我跟她谈合作之前，她已经接触了国内十几家合作方，很多合作方比我们流量大、名气大，我并没有十足的把握跟她合作成功。在我心里，在某种程度上，她就是权威。

但我有我的法宝，那就是合作思维。

因为时间紧，我不确定自己的思考角度是否准确，所以我开门见山地问她：“你为什么要在中国做内容创业？”

她一愣，随后就打开了话匣子。这下我终于理解了陈愉的诉求，于是告诉她：“Joy（陈愉的英文名），你不需要为每个不同平台提供不同的产品，那样会失去你自己。我要知道你想做什么，然后我们一起打磨出一套属于你也属于我们用户的课程。”

我得到了她的信任，而这份信任，为后来的很多合作都打下了良好的基础。

以前我还在打工的时候，经常被指派去参与一些重要的谈判，但参与那些谈判有时候并不算是我最主要的职责。我一开始还奇怪，这不是我的工作范围啊，为什么要我去？

当我自己创业做老板的时候，我才理解当时我得到的，就是老板的信任。

因为我的团队里也有这样的伙伴，他们花了一些心思去理解公司要什么，为什么我们要做这件事。我发现公司里有影响力的人——那些很能影响权威和老板的人，都是弄明白了“为什么”的一批人。他们通过提问、观察，常常会给我一些新的方案。

所以，每次有新业务发生，我都倾向于让他们去带新业务。因为在日常的互动中，我确信他们能够理解我想要什么，公司将走向哪里，以及“为什么”。

当你知道“为什么”之后再去执行，就会赢得更多信任，就可能赢得老板给予的更大的执行空间，从而形成良性循环。即使你没有改变老板的决策，你也已经实现了向上影响。

最后，我想稍微改动管理大师彼得·德鲁克的一段话并分享给大家：

> 世上没有两个工作、表现或行事完全一样的人。你没有义务改造、再教育权威，或让权威依循商学院和管理书籍谈论的模范行事准则。你不必喜欢或崇拜权威，你也不必怨恨他。但你需要管理他，让他为组织成效、成果，以及你个人的成功提供资源。

回顾

为什么我们在权威面前常觉得自己被动无助？实际上，这是因为我们被考试思维限制住了，这种思维模式会导致我们只关注怎么解题，却不去理解问题背后的真相。

从考试思维转变到合作思维的方法只有一个，就是凿穿你跟权威之间的那堵墙，和他站到一起。

从墙的两边，走到一个战壕中，就是你发挥影响力的过程。

最后，我再给大家分享一些和权威沟通时可以套用以及要注意避免的句式：

不要说“老板，这个任务我完不成”，而要说“为了更好地完成这个任务，我想了解以下这些内容”。

不要说“最近我的事情太多了”“这个任务太难了”，而要说“为了更好地实现我们的目标，我需要这些帮助”。

不要等问题发生了，才去跟客户说“对不起，这件事我们失误了”，而要在发生困难的时刻就及时同步：“我们现在遇到了这个困难，为了更好地完成双方的目标，请你和我们一起努力。”

只要从思维层面意识到你和对方是合作关系，这些话术就一点儿都不难。

我的一个同事曾在朋友圈分享过这样一段话：

所谓考试思维和合作思维，我是这么理解的：当你没有完成

KPI（关键绩效指标），看到老板举着刀冲过来时……

考试思维是："老板要砍死我了怎么办？"合作思维是："哇！老板给了我一把好厉害的刀让我去和 KPI 搏斗！"

这是我看到的最有趣的理解。

第 7 章

对抗“杏仁核绑架”，正确地应对他人的批评

不断练习，自我进化，得体地应对批评，养成理智思考的习惯，避免做出冲动行为，这样才能更好地对抗“杏仁核绑架”，达成自己的目标。

没有人喜欢被批评，但是生活中被批评的情况在所难免。

关于批评，我看过一个研究：心理学家罗伯特·A. 巴隆做了一项研究，他给同一批人布置了两个任务，第一个任务结束后，他对这些人提出了严厉的批评。结果显示，所有参与实验的人在收到批评后都主动降低了对第二个任务的目标，他们没有接第一个任务时那么信心满满；同时，他们在做第二个任务的时候，效率明显降低。

罗伯特又做了第二个实验。他换了一批实验对象，这次是给一批本科生布置了一项任务。同样，实验人员仍然对这些学生进行了很粗暴的批评。结果惊人地相似，所有本科生都表示，他们会用回避和对抗的方法来应对这些批评，而非采取合作和妥协的方式。可见，批评对一个人的影响有多大。

我们每个人都被批评过，这不可避免。但是，如果你仔细观察就会发现，每个人被批评时的反应大不相同，而这些反应直接影响了我们与他人之间的关系，以及我们对工作的后续推进。这些反应甚至在那一刻影响了我们的气场和气质。

我常开玩笑说，人们在应对这种极端情况下所表现出来的模样，很大程度上能凸显一个人与另一个人之间的不同之处。

我亲眼见过一个刚刚结束演讲、在讲台上气宇轩昂的人下了台，遇到了老板，老板没有给他任何赞许的话，反而当即指出他刚才演讲中几个失误的地方。这个前一分钟还在台上气场十足的家伙，忽然像缩小了一号一样，一边听一边不安地抠着手，脸涨得通红。老板走后，他转头跟自己的助理说："他懂什么?!"

那个瞬间很触动我，后来我反复想起这个场景——也就那么几秒钟，它展现出了一个人内心很本质的一些东西：你的内心是完整的还是假装强大的？是相对稳定的，还是外界一有风吹草动就崩塌的？是有意识做过思维练习的，还是完全本能的？

很多人觉得影响力是一种很高大上的能力，要做到一定职位才需要拥有这种能力。其实并非如此，影响力是由一个人身上很多细小的反应组成的。比如，你在提需求时，是得体有效，还是畏畏缩缩、左顾右盼？比如，别人跟你讲话时，你是双眼凝视对方认真倾听，还是不等对方说完一句话，就急匆匆表达自己的观点？比如，接到新项目，你是懵懵懂懂，领导说什么就做什么，还是会有自己的思考、明白侧重点和目标？

这些有形的细节，共同拼出了看似无形的影响力。你是否愿意亲近一个人，是否愿意信任他、追随他，都是由这些细节决定的。

应对批评的方式，也是这种有形的细节之一，它之所以需要学习，是因为从小到大，没有人教过我们：为什么我们会恐惧批评？这个过程中，大脑发生了哪些斗争？应对批评最好的态度是什么？有哪些方法可以让我们完成从恐惧到合作的转变？

首先，我想告诉你，不只是你和我，很多极具影响力的人也都曾因为不会应对批评而踩过“大坑”。

比如香奈儿集团前全球 CEO 莫琳·希凯。她是一位非常有影响力的女性，曾掌管香奈儿的全球事务，被称为“新一代香奈儿女王”，还曾在全球最大零售公司盖璞（Gap）供职过，她在《深度思考》一书中讲到的这个故事就发生在她在盖璞工作期间。

当时她的汇报对象是盖璞公司的 CEO 米奇。米奇是一个非常专业的零售奇才，华尔街的投资者和金融家形容他是“商人王子”，因为在挑选畅销产品时，米奇有着近乎完美的命中率。在公司，所有主管都会跟米奇一起开“米奇会议”，即关于新品服装的产品搭配和购买计划的会议，这个会议还有另一个名字——“恐怖会议”。

为什么恐怖呢？在这个会之前，选品人和视觉营销团队常常需要通宵奋战，准备产品展示。他们会重新布置衣服的展示布局，突显各种颜色的搭配，装饰会场的每一面墙壁，以呈现出当季最热潮流，并接受老板米奇的检阅。会前他们经常疲惫之极，但更多的是内心的恐惧，因为米奇实在太挑剔了，他们担心自己精心筹备的计划被彻底否定。

这一天，莫琳要上选品会。她当时的职位是女裤部门的营销经理，她决定推荐一款用最新布料制成的新潮牛仔裤，因为她看到盖璞最畅销的经典款高腰直筒收脚牛仔裤的销量已经在下降，这不就证明她选择新款牛仔裤是正确的决策吗？

在会上，她信心满满地解释了为什么选择新款。没想到米奇面无表情地说：“这不是正确的样本，只有经典款才是，现只需要我们把经典款做得更酷。”

莫琳急忙辩解：“我觉得这种布料用在新款式中会非常不错，当下经典款的销售情况很糟糕，潮人已经不再争相穿收脚裤出门了。这款烟管牛仔裤是咱们的设计团队设计的，大家都喜欢它，而且……”莫琳在书里描述了一个细节：她当时的声音已经开始发抖了。

米奇打断了莫琳的辩解，问：“你买入了多少？”

莫琳继续重复刚才说过的话，以证明她选的新款式有多棒。

米奇再次打断她：“我是问你，我刚才说的经典款，你买入了多少？”

事实是，莫琳没有买入经典款，她只是订购了一大批新款。莫琳继续坚持自己的想法：“经典款销量在下降啊！”

“当然，只要你们继续用最便宜、最丑陋的布料，经典款的销量会一直下降。但问题是，你们卖出了多少条经典款的裤子？”

莫琳手忙脚乱地翻数据报告，发现经典款一周卖了 25 000 件。

“告诉我，销量第二的裤子卖了多少？”老板继续逼问。

莫琳忍不住继续解释：“4 000……可是，虽然我们只卖了 4 000 条宽脚裤，但是我们已经断货了啊……我真的觉得新款会大卖，经典款已经过时了……”

这时候米奇已经十分愤怒了，他站起来，嘴角还挂着唾沫：“25 000 条和 4 000 条的差距，你在开玩笑吗 ?! 我不会再跟你说任何一句话了，因为你根本不听！”

然后米奇摔门走了。

只看文字，我们都能感到这是一次剑拔弩张、令人紧张到头痛的会议。

而这种情况，几乎天天出现在我们的生活和工作中。

例如，本来是一个项目讨论会，开着开着却变成了辩论会，只是因为你听到了一句批评，忍不住辩解。

例如，妈妈觉得你睡得太晚，不理解你为什么每天这么忙碌，工资也不见得很高。你心烦意乱地对她说：“你能不能别管我！”妈妈很受伤，结果你们两人大吵一架。

面对批评，我们每一个人都如惊弓之鸟。

为什么会这样？这不是因为你脾气不够好，不是因为你不够成熟，这背后其实是有生理依据的——因为批评会引发我们大脑中的一场战争，这场战争的双方就是情绪和思考。

我们都知道，情绪是由大脑里的杏仁核控制的——杏仁核深藏在大脑底部，是大脑最强有力的区域之一。这个区域会简单化信息，让你说出本能的反应；而且这个区域渴望赞美，会把批评看作一种攻击。尽管你感觉不到它，但它控制着你的行为。比如，当你被激烈地批评时，你会感到很不高兴，于是杏仁核就向身体发出准备战斗或逃跑的信号，比如心跳加速、血压升高、呼吸加快、肌肉紧张。有些研究者把它称为

“杏仁核绑架”，这时候，你很容易做出一些“冲动”的事情。比如，我们经常会对自己的一些行为后悔：“哎呀，刚才怎么回事，我太冲动了，克制一下就好了。怎么当时就控制不住呢 ?! ”这就是被杏仁核绑架了。如果那个时刻你放任自己做出本能反应的话，你很快就会意识到自己反应过度了——“我刚才有点儿过分”。因为杏仁核产生的反应是爆发式的，虽然你很快会平息下来，但这种爆发的后坐力很大。

莫琳在被老板指责时的反应，就是典型的被杏仁核绑架的反应。当时的她，完全沉浸在“想要证明自己正确”的冲动中，她要抗争、要战斗，而不是“找出真相”，她的大脑在那一刻是封闭的。

好在人体很神奇，处处都有平衡。大脑有主管情绪的区域，就有主管意识和思考的区域——前额皮层。前额皮层是我们大脑里最具人类特征的部分。我们通过这个区域进行逻辑推理，它产生的反应更加稳定和持久，它代表的是思考的力量。所以，你看到有些人不断自我进化，他们应对批评的反应很得体，不会冲动，并且最终能够达到自己的目标；而有些人就会选择反抗或者攻击，最终无法与他人合作。他们之间最大的区别是，前面这类人会在关键时刻思考是什么原因导致自己出现杏仁核绑架。他们在分析和思考情绪之后，知道了哪些情况下自己会冲动，会控制不住自己，会被杏仁核绑架。这个“看到”的过程非常重要——“放下一个东西之前，得先拿起它”。了解杏仁核绑架的过程，就是我们拿起它的过程。现在，我们可以通过练习，把它放下，在每一次情绪和思考之战爆发时，掌握更好的应对方式。

练习可以帮助我们形成习惯，而养成习惯是最高效的改变行为的方式。

举个例子，一个没有养成对抗杏仁核绑架的人应对批评的方式就是被杏仁核绑架——和别人大吵一架，回家后后悔，再花更多的时间扭转和他人的关系，重新开启合作。暂且不说他能不能成功，这个过程前后大概需要花掉一两天时间。但是，经过不断练习、已经养成理性思考习惯的人被批评了，则会在第一时间辨别出：“我现在的肌肉紧张和愤怒都是杏仁核绑架造成的，我只需要一点儿时间，这种情绪就会过去。”所以，他要么暂停谈话，要么启动理性思考，不被情绪牵引。这个过程前后只需要 5~10 分钟。人贵在自醒，有自我察觉能力。

普利策奖获得者查尔斯·杜希格在他的畅销书《习惯的力量》里写道：

> “习惯是我们刻意或深思后做出的选择，即使过了一段时间不再思考，你也能继续发挥作用，它是我们神经系统的自然反应。习惯成形后，我们的大脑就可以进入省力模式，不再全心全意地参与决策过程。”

养成习惯的方法就是练习。只要经常练习，我们可以养成任何习惯。

回顾

为什么被批评之后，我们的反应都是想逃跑或者想吵架？这不是你的性格问题，而是由生理结构引起的，这种现象被称为“杏仁核绑架”。看到这一点，你是不是放松了很多？既然人人都有这个问题，那么你可以试着改变一下自己的应对方式，变得与众不同，并且通过这些应对模式的改变，形成自己的影响力。

第 8 章

积极询问加反馈：从“害怕批评”到“用好批评”

被权威质疑时，不要停留在“我以为”的阶段，往前走一步，去确认你的想法。把关注点放在双方共同的目标上，是进入合作思维的最佳方式。

当我们面对批评时，生理因素影响了我们的反应，但最终导致人和人之间的差距的，是一个人是否形成了这种高级意识：理性逻辑化的自己能否在和冲动情绪化的自己的对抗中占据优势。

高级意识可以通过练习内化为我们的习惯，这一练习共分三步。

第一步是换频道——从“杏仁核频道”换到“前额叶频道”。

当遇到批评时，我们一般会有以下几种具体的反应：

第一种反应是用回击自我防卫。被批评时，你总觉得对方在否定自己，于是立即启动了防御机制。比如前面讲到的莫琳就是采用了这个应对方式，她觉得老板米奇在质疑自己的工作成果。在防御机制下，老板一张嘴，她马上用一大堆证据来证明自己是对的，以致老板最后忍无可忍，摔门而出，并对她说：“你根本不听（我在说什么）！”

第二种反应是不承认，为自己的行为找借口。一旦被质疑被批评，第一时间否认。“我没有”“我觉得不是”——在面对批评的时候，我们常常会下意识地脱口而出这些话，或者把责任推给别人。

第三种反应是回避，避而不谈。这可能是最不利的应对方式了。这种情况大多出现在生活中，特别是在亲密关系中。比如，很多妻子每当抱怨丈夫时，对方马上就说：“好了好了，别说了！”然后他就不说话了，不管妻子说什么，丈夫都保持沉默。但越是这样，妻子越是愤怒，因为问题并没有得到解决，有时候反倒让误解更大，或者是让妻子感觉到这是丈夫的隐性攻击："你想谈是吧，我就不谈！"

以上所有行为都可以用三个字来概括，那就是"杏仁核频道"下的"不合作"。

比如莫琳，在会议上的那一刻，她完全没有意识到自己跟老板米奇之间是合作关系，他们是权利对等的。在惯性思维之下，她想当然觉得高高在上的老板是在针对自己这个"不够优秀"的员工，他是在质疑自己的工作能力。"如果我不证明自己是对的，他肯定会觉得我能力不行，甚至有可能对我失去信任！太可怕了，太可怕了……"

于是，面对老板的提问，哪怕莫琳慌张到声音颤抖，却还要硬着头皮拿出"证据"，试图证明自己的决策是对的，她完全没有理会老板在说什么，杏仁核控制着她去战斗。

要是切换到前额叶这个"频道"呢？前额叶代表的是理性思考，它是合作思维的舞台。你还记得合作思维最重要的部分是什么吗？

"合作是前提，不是结果。"

这个思维用在批评上是这样的：批评是基于合作这个前提存在的。为什么会有批评？因为你们双方正在合作，否则你们就是这个星球上毫无关系的两个个体。对方并非无缘无故地忽然出现并且专程来批评你，他早已是你的合作伙伴了，为了让合作关系更好地进行，他要给你一些意见。所以，批评不仅不会导致合作中止或者产生不好的结果，反而会帮助你们更好地合作。

在合作思维下，我们关注的不再是人，而是事。我们开始有这样的意识：这是对合作过程中出现的问题的批评，不是针对某个人的攻击。

回到莫琳身上，当那个糟糕的会议结束以后，她以为自己会被辞退，因为她还在非合作思维中考虑问题：“我没有达到目标，就完不成合作。”后来，她接到了老板米奇的电话，那一刻，她内心的想法是：“这一刻终于来了。”没想到米奇说的是：“莫琳，你很有潜力，你可以成为一个很出色的商人。我知道你有不错的品味，可以选出畅销产品。但是，在整个会议中，你都在试图告诉我你是对的，你没听进去我说的任何一句话！”

这个时候，莫琳的杏仁核绑架时间已经过去了，她冷静下来。直到这个时候，莫琳才开始觉察自己在之前会议上的表现——“我怎么会这样？”

老板米奇特意打来电话，这让莫琳重新意识到他们双方在合作。毕竟，米奇本可以不打这个电话的，他可是世界最大零售公司的CEO啊！但是他打了电话，他告诉莫琳：“你很棒！但是你有些地方要改进。”

莫琳是从那时候开始意识到，批评是可以基于合作这个前提存在的，他们双方是平等互利的关系。老板的批评起源于合作，他在发表自己的看法，他希望双方的合作可以达成更好的目标——“他在帮我做到更好。”

看到不一样，就能做到不一样。后来，莫琳再去开“米奇会议”时仍会受到批评，毕竟对面坐着的可是一位眼光毒辣的商业奇才，但在杏仁核绑架发生的瞬间，莫琳开始了新的练习：她会停住，转换频道。她发现，一旦开始这种练习，米奇提出的批评听上去就都变成了非常有意义的对话。这个会议在莫琳眼中变了：它变成了向优秀者学习资深经验的好机会，完全不是之前她所认为的必经的“磨难”了。

莫琳在《深度思考》一书中写道：老板米奇的警告批评不仅不会再伤害她，甚至让她吸取到了不少非常好的建议。随后的几年，她在职场不断晋升，最终成为盖璞的执行副总裁。接着她又接受了猎头的邀请，一路升职为香奈儿集团的全球总监。

莫琳的例子生动地展现了当我们面对批评时，切换频道将会带来怎样不同的结果。

也许你会觉得换频道有些抽象，我们怎么才能让无形的意识变成具体动作？这就引出了第二步——问出来，问自己一个问题：“我们的目标是什么？”

我有一位好朋友，他是一名心理咨询师。在此，为方便描述，暂且称其为 W。W 专业能力很强，大家对他的咨询服务一直都评价很高。但即使如此，W 也面对过激烈的批评。有一次，一个来访者在咨询结束后，给了 W 完全负面的评价：“你这是什么咨询？对我一点儿帮助也没有！你的咨询都是骗人的！”

专业人士被质疑其专业能力是最可怕的，而且还是如此激烈和负面的批评。多数人在这个时候很可能会进入杏仁核频道，要么会反驳：

“你简直无知！我做咨询师十几年，不知道帮助了多少人，你懂什么 ?! ”要么就是逃避：“既然你不满意，以后就不要来了！”

这两种回应方式无疑都会导致这一次合作中断，甚至会让我的这位朋友彻底失去自己的专业影响力。

于是，W 做出了第三个选择——他通过对自己提出问题，从而切换到了前额叶频道：“我和来访者在这里的目的是什么？”

答案并不难：两个人在咨询室里的目的是一致的，就是让来访者更了解自己，并且通过咨询解决他的困扰。那么，来访者有这样的反应，是不是说明他的目的没有达成？如果没有，心理咨询师又该如何帮他达成？想到这里，咨询师已经完全进入合作频道，全力思考如何在“来访者不满意”这一点上做工作，集中精力帮助来访者意识到自己的日常行为模式。就这样，他的极端情绪、逃跑想法、战斗思维，一个都没有了，杏仁核绑架被成功阻止。

莫琳在被老板挑剔的时候如果能问问自己“我们的目的是什么”，答案便显而易见——两人共同的目的是为盖璞公司挑选到最好卖的单品。老板的一切挑剔和不满，不是因为想要质疑莫琳，而是因为这个目的没有达到。

把关注点放到双方的共同目标上，是我们进入合作思维的最佳方式。

我们也可以询问对方，与对方确认自己内心的疑惑，然后消除误解。

我在工作的时候，常常会听到一个句式——“我以为……”有一次我约了一个重要客户，约好的是第二天上午10点。9点59分的时候，我的助理忽然在群里发消息：“会议可能要改时间，老板没有回复我，应该是在处理急事。”

我愣了一下，马上打电话问他：“我在电梯里，为什么你会无故推迟会议？”

他回我说：“我去你办公室看了看，你没在；发你信息你也没回，我以为你临时去处理急事了。”

我跟他说：“谢谢你为我着想，但是你刚才的做法非常不专业，不要用‘我以为’去确认任何一件事。”因为你以为，只是“你以为”，那并不是事实。

这种情况在我们的生活工作中也经常发生。

例如，你给同事发消息沟通一个合作问题，对方一直没有回复，你有点儿忐忑，脑补了很多情节：“是不是我哪里惹到她了？她是不是特别讨厌我？她肯定是故意忽视我的信息！”过了一会儿，你很可能从焦虑变成愤怒：“她这个人就是这样，总是不及时回复信息，太不敬业了！”

又如，刚刚搬来跟你同住的婆婆每天早上6点就起床了，准备了超级丰富的早餐。你熬夜加班，凌晨1点多才睡下，周末都要睡到早上10点，吃不吃早餐真的无所谓，睡饱才是你最需要的。可是，现在哪怕周末你也没办法安心赖床了，因为你心里会嘀咕：“这样是不是对不起婆婆？她会不会对我有意见？”这么一想，你只能硬着头皮改变自己的生活习惯，可心里明明就是不情愿嘛，结果一肚子气都发在了丈夫身上：“都说了不要和老人同住！我很困，一大早又要起来！”丈夫也很生气：“有没有搞错啊？我妈辛辛苦苦一片好心，你还这副态度！”你们两人的争执，根本没在本质问题上。

美国前总统奥巴马的副幕僚长艾丽莎·马斯特罗莫纳科在其《柔软的力量》一书中，分享过奥巴马的一个细节，我们可以从中看到，其实每个人都会遇到这种先入为主的揣测：

> 奥巴马的幕僚长出席活动时从来不跟他坐同一辆车；工作人员叫他“奥巴马议员”而不是直接叫他的名字“贝拉克”。这些行为，让奥巴马怀疑是不是自己不够平易近人，同事们是不是对自己有很多不满，在生自己的气。

你看，在某些时刻，每个人都会“以为”这个世界在跟自己对着干。

但和其他人不一样的地方在于，奥巴马决定“问出来”——他内心深处相信伙伴跟自己属于同一个团队，他相信他们这么做一定有所考虑。因为有这种合作思维，他显得比我们更有勇气。

当他小心翼翼地问手下人时，大家的回复是：“因为你是参议员里最年轻的议员，如果你手下的人都对你直呼其名，我们担心是不是会显得不尊重你。”

"噢，原来是这样！"奥巴马松了一口气，同时也觉得自己之前真是多虑了。他很感激大家如此为他着想，最后他们达成了一个约定：在别的议员面前，他们叫他"奥巴马议员"，但私底下可以叫他"贝拉克"。

超级畅销书《终身成长》的作者卡罗尔分享的一个经历更有趣。她跟丈夫刚认识几个月的时候，她觉得一切都进展顺利——她爱这个男人，觉得他就是自己的真命天子，而且她也确定这个男人也很爱自己。

然而有一天晚上，他们正在约会时，她这个理想中的丈夫忽然对她说："我需要多一点儿空间。"

那个瞬间，她觉得眼前一黑，大脑一片空白，她不敢相信自己听到的。她心想："完了，原来是我误解了我们之间的关系，是我理解错了吗？难道这段时间我只是在自作多情吗？"

平静了一会儿，她鼓足勇气，问他："你究竟是什么意思？"她战战兢兢地等着他回答，那几秒钟像是几年一样长。

结果对方说的话，让卡罗尔笑了3分钟。

这位男士认真地说："我需要你往旁边坐一点儿，这样我才能坐得下。"

不要停留在"我以为"的阶段，往前走一步，去确认你的想法。

对于之前心理咨询师W的那个案例而言，W可以问来访者："我们的目标都是通过这场咨询帮到你，但是从你的反馈来看，效果似乎并不好，你遇到了什么问题吗？”

来访者可能会说：“这个咨询形式不好，你没有帮我解决问题。”也可能会说：“全程你都没说几句话，让我觉得这个咨询很无效。”或者干脆会说：“不好意思，刚才是我个人原因，我有情绪。”

不管来访者的回答是什么，通过提出问题，双方就已经站回到合作的位置上，他们可以就这次提问所得到的答案继续开展工作。

对于没有回复你信息的同事，你可以问他：“你一直没回我信息，我有点儿着急，是因为我的表达让你不舒服，还是你这边有什么顾虑吗？”也许你得到的答案是：“啊，抱歉，今天一直在开会，错过回复信息了。”也许你得到的答案是：“的确是这样，我觉得你这个需求超出了我的能力范围，所以一直不知道怎么回复。”

不管是哪种答案，你们都在共同解决问题，在把两个人放在“合作关系”这一点上显然都前进了一步。

面对早起的婆婆——好吧，我知道跟婆婆沟通有时候比跟同事沟通更需要勇气——如果你能保持开放的头脑，把“如果我不吃早餐她就会生气”这种非合作思维放下，转为“我们都是想共同维护家庭和睦”的合作思维，你也许会多一些勇气去问她：“妈妈，你起这么早是为了照顾我们的健康，可能在您看来这是一种关心，但对我而言，却有点儿为难。我们一起看看怎么调整下？”

你甚至可以就沟通本身再进行沟通：“我这样说会不会让您感到很委屈？我没有怪您的意思，我只是想让您知道我们的想法差异。”

你也许会疑惑，跟婆婆这样说话，她未必能理解，有可能还会觉得你是在责怪她。是的，因为对方的大脑杏仁核也会自动反应，她的身体会紧张，她会想逃或者吵——特别是老一辈，几十年的思维模式已经固化，很难改变。但是我们已经知道了杏仁核绑架的全过程，我们比她拥有更多的合作思维，它能帮助我们开放大脑，而不是封闭大脑。哪怕你问了、沟通了，还是被误解，你也要坚信：愤怒感、挫败感都是提醒自己的信号，你需要做的是冷静，慢下来，等待杏仁核绑架的时间过去。你知道这种状态不会延续很长时间，等到理性的、开放的、更高层次的思维占了上风，大脑转变为合作思维，你就会更有勇气，再一次进行沟通。

“问出来”包括问别人和问自己，但这还不够，要完成一个完整的闭环，还需要关键的第三步，即“反馈”——提问能帮助我们发现问题，反馈能帮助我们最终解决问题。

比如，咨询师会根据来访者的回答制定更适合他的咨询方案，或者帮他分析出攻击和指责的原因，比对他在日常生活中的固有模式。这就是反馈。

我有一位女性朋友，她跟男朋友是异地恋，大部分时间她都会主动发信息给男朋友，但每次都要隔一两个小时才能收到回复，有时候会更久。这位女生在这个等待的过程中感觉很煎熬，但她具有合作思维，于是她就这个问题跟男朋友谈了一次。

“每次我都得不到你的及时回复，我对我们异地恋的现状感到焦虑。你是怎么看待这个问题的呢？”

她的男朋友这才意识到：“原来是这样啊。”因为他做研究工作，经常一钻进实验室就什么都顾不上了。但他也很在乎这段感情，这次沟通让他确定了双方在行动和想法上的差异。之后，他们达成了一个约定，白天减少微信次数，但是每晚临睡前都要视频通话半小时，每个月必须见一次面。这个新约定虽然看起来减少了沟通频率，但它反而促进了这段感情的发展，因为这个女生得到了她最想要的东西——安全感。

换频道、问出来、给出反馈——这位女生一系列行云流水的操作，很好地体现了合作思维的应用。

同样的异地恋也可能是另一种结局：因为不及时回复信息，这个导火索会牵扯出两人之间的猜疑、指责、争吵、冷战等行为，甚至导致分手。

可能到了分手那一刻，两个人都已精疲力竭，觉得自己感受不到爱，只有委屈、怨恨。双方都还没弄明白到底发生了什么，把好好的一段关系相处成这样。

我想，大概是因为我们还不够开放的大脑，让对方没有容身之地吧。

还有一个完美应对批评的案例让我印象深刻。Axialent 的联合创始人弗雷德·考夫曼所著的《清醒》被管理大师彼得·圣吉、微软副总裁等各路名人力荐。弗雷德在书里分享了一个合作式应对批评的案例。

弗雷德当时被一个读者劈头盖脸地大骂了一通，说他写的根本不是什么工具书，而是一本科幻小说，毫无实用性。弗雷德没有恼怒，他回应道："你认为它没有实用性？嗯，我确实很担心这一点，因为我想写一本实用的书，一本能帮助人们提高工作效率、做出改变的书。"

对方说："那你失败了。"

弗雷德说："你能举个例子吗？"

对方说了几个例子。弗雷德听完后回应道："或许我需要修改一下措辞，因为你理解的意思并不是我原本想要表达的意思。"

这个时候，那位愤怒的读者的态度有些不一样了。他问："那你的观点是什么？"

弗雷德解释了一番，读者又给了他一个不怎么样的反馈："你在书里可不是这么说的。"

弗雷德回答道："我知道我的措辞没有将这些信息传达给你，感谢你提到这一点，我会重新检查一下书稿，看看我能否将观点讲得更清晰一些。谢谢你的反馈。"

读者最后说："不用客气。"

如果说被误解是表达者的宿命，那么被误解之后呢？你可以不予理睬，也可以针锋相对，顺便还能做一次网络炒作。当然，你也可以像弗雷德这样不卑不亢地回应。

弗雷德后来在《清醒》这本书里写道：“面对带有敌意的批评者，你不用针锋相对也可以和他们进行交流。有益的支持和询问不仅能防止你心态失衡，还能让你获取大量信息。在跟这位读者的对话中，我发现我的材料中有一部分内容的确解释得不够清晰。如果这位读者无法理解这种观点，那么与我素未谋面的其他人也有可能遇到理解困难的情况。通过与批评者交流，透过他咄咄逼人的姿态，我可以写出一本更优秀的著作。”

这种温和而坚定的态度，在我看来，就是影响力本身。

回顾

被别人批评在所难免，但应对批评的方式却天差地别。

非合作思维会认为，批评意味着别人在指责自己、攻击自己、否定自己；而合作思维则认为，我们双方都有基于合作的这个前提，才会在一起共事、沟通，对方的批评只是在参与我们的合作，是在发表自己的看法，而且对方可以帮我把工作优化得更好，这是一件好事。

面对批评，你可以采取以下步骤：

第一步：切换频道。切换到合作频道，摆脱杏仁核绑架，看到双方的目标。

第二步：问出来。你以为的只是“你以为的”，那不是事实。

在合作思维的鼓励下，大胆地问出你的问题。但要注意，要提问，不要指责。

第三步：反馈。就提问得到的结果进行反馈，与对方得出进一步的解决方案。

最后，我想提醒你的是，应对批评是非常难的，因为你的反应首先会受生理反应影响，批评会引发你大脑里的一场战争，而且是有逻辑、有意识的你跟情绪化、潜意识下的你之间的战争。所以，如果你现在做不到，不要沮丧，因为这真的很难。但这也正是此过程的价值所在——通过练习，一次次自我赋能，直到遇见更好的自己。

应对批评最大的挑战在于：你是否愿意努力探寻真相；你是否相信，在你有限的认知之外，有更大、更广阔的世界；你是否相信，在别人的批评中，隐藏着建设性的建议，能帮助你变得更好；你是否相信，找到真相会让你更幸福。

如果你的答案是肯定的，这意味着你会成为思想更加开放的人。虽然这个过程需要一次次的练习，但是你要相信，在未来，在应对不同意见的时候，你会拥有更从容的姿态和气场，那就是属于你的影响力。

在这个过程中，我向你保证，你会在某个瞬间拥有这样一种体验：

你感觉自己不再被未知的力量所左右，你感觉自己能够控制自己的行动，掌握自己的命运。在这种罕见的事情发生的时候，你会感到强烈且深刻的愉悦，它会成为你记忆中的里程碑。

这就是所谓的最优体验。如果你获得了，请记得告诉我。

第9章

提出需求有三大“坑”，避开它们的前提是正视自己

你之所以不敢提需求，是因为你把自己当成了商品，你认为自己的需求会降低自己的性价比。你没有意识到，对方和你是合作关系，你们是平等的、相互需要的。

前几天开会时，我目睹了营销部和产品部的一次冲突：

营销部的涛气呼呼地说："我们的效率奇低，我去拓展市场需要一个产品宣传册，但直到现在也没拿到！"产品部的君一头雾水："我从来没有收到过你的这个需求！"

涛更气了："我给你发过微信，不信我现在翻聊天记录出来！"

两个成年人的工作对话，变成了小朋友之间的赌气。

我觉得这背后一定是沟通问题，于是好奇地多问了涛一句："你是怎么跟产品部提需求的？"他翻了半天聊天记录，递到我面前：

> "我们竟然没有产品手册啊？我出去开拓市场时很需要呢。"

这真的是有影响力地提出需求的方式吗？当然不是。

我仔细观察过生活中各种人提需求的各种方式，发现在提需求这件事情上，我们会踩很多"坑"。我提炼总结了一下，有如下三大"坑"：

第一个"坑"是抱怨式提需求，即把抱怨当作提需求。比如，你已经快撑不住了，需要老板在项目上多支持一下，但你对老板说的却是："这个项目太难了，我一个人根本做不了。大家都很忙，根本不配合我。”你以为自己提了需求，但其实老板听到的只是一句抱怨。在我的管理生涯中，这种情况发生的频率远超你想象，而且当事人通常都意识不到。结果可想而知，除非你的老板时时刻刻都明察秋毫、能透过现象看本质，否则，他不仅不会意识到你在提需求，还会对你形成“这个员工很喜欢抱怨”的印象。

第二个“坑”是暧昧式提需求，即没有明确的主张和态度，很容易犹豫和改变。比如，你想要同事多支持自己，又担心对方觉得自己烦、怕他认为你的能力不行，于是话到嘴边几次，你又咽了回去。或者，你在跟客户谈判时想争取更好的合作条件，但迟迟不敢开口，好不容易提了一下，对方第一反应却是拒绝。你担心合作崩盘，于是马上改口。这种提需求的方式不仅达不到目的，还会让对方觉得：“看来他也是随口提提。他这么容易变，以后我也不用认真考虑。”

第三个“坑”是威胁式提需求，即让对方在接受需求的过程中感觉到了威胁。比如，你认为自己现阶段的薪资水平太低，便鼓起勇气跟老板提加薪，你表达的意思是如果不给你加薪，你就不会好好工作。没有人喜欢被威胁，威胁式提需求可能会导致老板跟你的互动关系变得很微妙。

以上提需求的三大“坑”，你有没有踩过？

这些“坑”导致的直接结果是：你渴望实现的目标、想要得到的配合，都迟迟不能达成。你始终艰难地在原点打转，无法前进一步，无法达成目的。简单来说，就是你没有发挥出自己的影响力。

通常，我们以为有影响力意味着声势浩大地表现自己，而只有重大场合才是发挥影响力的时机。错。真正有影响力的人会在生活中润物细无声地施展自己的魅力。普通人哪有那么多大事——我们的生活是由每天无数的小事堆砌而成的，而我们处理每件小事的方式组成了我们与他人互动的模式。

提需求也一样，这个看上去不怎么起眼的动作，却是在你与他人的日常互动中最高频发生的。我们想要达成某种目的，需要协调诸多资源，需要得到很多人的配合，而这个过程往往都是靠提出需求并得到他人的支持来完成的。

而提需求并不是一件容易的事。

2008 年，在谷歌担任网络销售副总裁的谢丽尔·桑德伯格也遇到过一模一样的问题。尽管今天的桑德伯格已经是脸书公司的首席运营官，且位列福布斯全球影响力女性排行榜第五名，可一路走来，桑德伯格没少遇到“提需求障碍”。

桑德伯格在她所著的《向前一步》一书中记述，她在谷歌工作的时候，一边要应对激烈的职场竞争，一边要尽早赶回家给 3 个月大的孩子喂奶。这时，她需要改变之前工作 12 小时的习惯，下午 5 点 30 分就得下班。这看上去是一个小问题，可活活把一个职场高手给难住了：她不敢跟公司提出她要早走的需求。为了掩盖自己早下班的事实，她想尽了各种办法，比如，把每天的第一个会议和最后一个会议放在其他办公区进行，好让同事察觉不到她的上下班时间；把外套挂在座椅上，好让同事产生错觉，以为她还没下班，等等。如果她实在挪不开时间，必须从办公室直接回家的话，桑德伯格也会先潜伏在大厅，一旦观察到停车场没人，就马上冲出去钻到自己的车里。

现在看来，我们也许会觉得好笑，这只不过是早下班而已啊，需要这么煞费苦心吗？但这就是世界最具影响力的女性之一的谢丽尔·桑德伯格曾经遇到的挑战，她也不敢说出自己的需求。

后来，当桑德伯格准备加入脸书时，在长达一个半月的时间里，她每周都会跟准老板扎克伯格一起吃晚餐，讨论公司的使命以及未来的愿景。在这个过程中，她感觉到自己非常渴望接受这份工作，但有个问题——那就是她觉得自己的薪资并没有达到预期。

提需求的困境再一次发生："如果我为自己争取更高的薪资，扎克伯格会不会因此不再想跟我一起工作了，最后弄巧成拙，反而让我失去这份工作？"这是当时桑德伯格的真实想法。你能想象这是后来写出《向前一步》一书、推动全球女性自我成长的桑德伯格的困境吗？而且当时的她在谷歌公司已经做到副总裁了。

当然，这些困境都变成了日后桑德伯格理解"影响力"的素材，帮助她不断突破自己。后面我们会讲到她是怎么突破的，但我先请你跟我一起停在这里，思考一个更重要的问题：为什么我们不敢提需求？

我想通过一个身边发生的故事，跟你一起分析这背后的原因。

我曾经搭档多年的老同事飒飒，已经做到了主管。她的困扰和桑德伯格如出一辙，主要是觉得自己目前的薪资不够，想要加薪。她挣扎了很久，好不容易在一次会议结束后，鼓起勇气向老板提了一句。老板当时的反应很冷淡，她懊恼得不行。

我问她：“你是怎么提的？”

她说：“老板，你看我们部门最近办了一个这么大的活动，公司领导也很满意，但我真的太忙了，再这样下去，我担心自己会缺乏工作积极性……”

你发现了没有，提需求的三个坑，暧昧式、抱怨式、威胁式，在一句话里被她占尽了。

抱怨自己“太忙了”；威胁“再这样下去，我担心自己会缺乏工作积极性”；暧昧就更不用说了，绕了一大圈，她还是没明确说出自己的需求。

“那老板是什么反应呢？”我再追问她。

“老板没什么反应，于是我就闭嘴了。”飒飒后悔死了。她觉得自己不该去提加薪，可是不提，心里又似乎堵着什么东西，让她不舒服。

“为什么你觉得提加薪这个事儿很难啊？”我问她。

飒飒觉得这个问题很莫名其妙：“为什么？这还用问吗?! 老板当然希望员工多干活少拿钱啊，给我加薪不就是增加他的成本嘛，他当然不乐意啊！”

这不是飒飒一个人的想法。

我相信，每一个遇到这种情况的人，都会希望自己在这一刻拥有影响力，他们希望自己随便说几句话，就能让老板接受自己的加薪需求，而且是心甘情愿、充满愉悦地接受。

其实做到这一点并不难，但有个前提，就是我们首先要意识到，自己必须从非合作思维里跳出来。

影响力的本质是合作思维。合作思维把合作当作所有关系的前提，认为一切互动关系都可以合作，而且只有合作才能达成目标。阻碍我们发挥影响力的最大原因，就是我们把合作当成结果，认为自己做什么或不做什么将会影响合作。飒飒觉得她提了加薪，增加了老板的成本，就会影响她跟老板的合作，这就是非合作思维。

更具体一点，现代社会竞争如此激烈，每个人都在跟时间赛跑，每个人都想让自己变得更加有竞争力。我们觉得内心强大就意味着一个人没有需求——无欲则刚；而暴露自己的需求，就等于暴露了自己的弱点和软肋。别人都可以加班加点甚至“996”[①]，但如果我需要休息，那就意味着我没有跟别人抗衡的竞争力。于是，很多人认为要体现自己优秀的竞争力，就要隐藏自己的需求。他们认为提出需求就等于暴露自己的弱势给别人，就是在降低自己的竞争力。

看到没？当年的桑德伯格都会挂件衣服在椅子上，假装自己没有下班，她也被这种思维给影响了。她把自己的需求看成对方要付出的成本——提加薪、早下班就是增加老板的成本。众所周知，商业社会是追求高性价比和厌恶成本的，所以，很多人会认为：“别人需要休息，别人需要加

---

① 一种高强度工作模式，指的是早上9点上班，晚上9点下班，并且一周工作6天，是当下“加班文化”的集中体现。——编者注

薪，别人需要减压，但我都不需要，这样我就可以提高自己的性价比了。”

在非合作思维的控制下，我们把自己完全当成了商品——“我得价廉物美才行”。

你的想法会影响你的行为。

所以，你要么恐惧，止步不前；要么强硬，好不容易鼓起勇气，根本顾不上什么姿态，一股脑说完算完；要么支支吾吾提一句，一旦被质疑就马上退缩。

很显然，这些都不是最得体、最有效的方式。既然看到了问题，我们就可以开始解决问题了。

我们先来想一下这个问题：“老板为什么要花钱聘请你来公司上班？”

“因为老板需要我干活。”飒飒说。

这句话用合作思维重新梳理一遍是这样的：“你在帮老板完成一些工作、达成某一项目标、实现他自己的商业理想。他需要你，你们是合作关系。”

当我这样说出这句话时，飒飒很惊讶。她从入职开始，就把自己放在了一个“商品”的位置上。她从来没有意识到自己是在跟老板合作，自己和老板拥有平等的地位。

切记，你不是一件商品，而是一个人；你和对方有共同的目标，你们已经在合作了。合作关系意味着，你们彼此都有责任和义务去满足对方的需求，这样才会保证合作有效地进行下去。

记住这一点尤为重要：你们已经是合作关系了，而且你们是平等的、互相需要的、相辅相成的合作关系。这个思维会决定你提需求的姿态。

姿态很重要。人和人的沟通是互相影响的——你坦荡，对方就会被这份坦荡影响；你还没说话就开始紧张、开启防御，那么对方就会被影响，认为你心虚。

所以，转化思维非常重要，它会改变我们看待需求的角度。

回顾

很多人之所以不敢提需求，是因为他们把自己当成了商品，他们没有意识到对方和自己是合作关系："我们是平等的、相互需要的。"

我相信，此时的你已经萌生了新的想法，准备转变自己提需求的方式了。你不妨拿最近的一个需求试试看，看看在新的心态之下，你会有哪些不一样的行为。

第10章

说对需求，才能达成真正的合作

如果你搞不清自己的深层需求，你就无法精准地表达出自己的需求，那么，你又如何让别人配合你，满足你的需求呢？

想提加薪需求的飒飒问我：“我能意识到和老板是合作关系，但我还是不知道怎么具体表达，难道我要说‘老板，我们是在合作，我想申请加薪’，是这样吗？”

这种提法听上去就很无力，让人感觉分分钟会被驳回，毫无影响力。

要真正做好提需求这件事，我们仍然要回到合作思维上，它会给我们带来提需求的动力，也能给我们带来提需求的一个好方法。我把这个方法总结为“灵魂三连问”。

这三连问是需要你问问自己的，因为只有你自己能彻底想明白你的诉求是什么，并且逻辑清晰地表达给对方，哪怕这个过程中被反驳或有争论，也能做到有理有据。当你想清楚了，你就无惧了。

第一问是：“我的深层需求是什么？”

注意，这里说的是“深层需求”而不是“需求”。比如，我问飒飒在加薪这件事情上，她的深层需求是什么时，她说：“我的需求就是加薪啊！”但这是深层需求吗？加薪是想要的结果，但是，她为什么想要这个结果？这个问题的答案才是深层需求。

挖掘自己的深层需求，是一个自我认知的过程。对很多人来说，这是最难的部分——我们常常搞不懂自己到底想要什么，于是无法精准地表达自己的需求。如果自己不能理解自己的需求，我们又怎么能让别人配合自己、满足自己呢？

这就变成了一个弄不明白、讲不清楚、得不到满足的死循环。

那么，如何才能找到自己的深层需求呢？有一个方法有趣又好用，叫“魔法想象”。简单来说，就是想象你的需求已经被满足了。

我问飒飒：“如果老板同意了你的加薪申请，你会有什么感受呢？”

飒飒想了一会儿，才反应过来：“我会感觉自己被认同了！我会觉得自己的工作能力和成果被老板肯定啦！”

这就是飒飒的深层需求。

我拿这个问题问了一些陷入同样困境的朋友，她们在这个问题之下也都有了进一步的想法。之之告诉我，如果实现加薪，她就能请一个保姆，这样就能腾出更多精力休息和工作；菜菜告诉我，如果实现加薪，她就能在婆婆面前有话语权，这样就可以在出差忙碌的时候更加理直气壮；兔子告诉我，如果实现加薪，她就能在看到想买的包包时随时出手，这会让她感到辛勤工作是在让自己变得更幸福。

按照这个思路，我们可以延伸出其他同类问题。比如有些员工提出辞职时常常会说一些不痛不痒的原因，我一般会反问他们：“如果你遇到了自己的理想工作，会是什么样子呢？”这个问题可以帮助公司了解员工最深层的渴望，也能真正反映出公司没有想到和做到的部分。

前段时间，我们公司有一名员工提出辞职。她说自己压力太大，处于人生迷茫期，想要停下来休息休息。她的主管想要挽留她，承诺她完成一定业绩就加薪，并帮她一起分析怎样化解压力。主管做了很多努力，但都无果。最后我问这位员工，如果她已经遇到了理想的工作，会是什么样子呢？

她想了好久好久。虽然她不满现状，但从来没有想过理想的生活到底是怎么样的。最后她说，她想要一个互相协作、团队成员一起作战的工作。主管这才明白，她的深层需求是得到支持——只要得到足够的支持，刚刚提到的压力、焦虑这些问题，她都有办法化解。

我们都有过这种时刻：知道自己不想要什么、不喜欢什么，却不知道自己真正想要什么。如果连我们自己都不知道自己想要什么，又凭什么指望别人来满足自己呢？

魔法想象可以帮助我们更好地理解自己的需求，清楚地知道自己想要什么；它可以让我们内心笃定、思路清晰。这样，当我们碰到困难时，我们也能很快找到解题思路，因为身边的人会深受感染，愿意配合我们、帮助我们。

若是你知道自己要走向哪里，那么全世界都会为你开路。这就是影响力。

第二问是："我的合作方是谁？"

我们的需求要依靠别人的配合才能实现，所以我们不仅要搞懂自己，还要搞懂他人。

放在通常的思维模式里，你会觉得这有点儿扯：加薪哪有什么合作方，不就是自己一个人的事情？但这本书反反复复都在帮你建立一个思维模式，那就是在任何事上，你都能找到合作方。

要得出“合作方是谁”这个答案，你首先需要树立“利益共同体”的概念。就是除了你自己，想想谁还能在这件事上获益——他就是你在这件事情上的利益共同体，也就是你的合作方。

我问飒飒：“如果你加薪成功，获得了认同感，会有什么事情发生？”

“我会更有动力去工作，我肯定会比以前更用心地工作。”

“然后呢？”

“然后我会拼尽全力去完成业绩啊。”

“然后呢？谁还会受益？”

“公司。我应该能为公司赚更多钱。”

“为公司赚很多钱，还有谁也是受益者呢？”我继续追问。

“老板！”飒飒说出来的时候，自己都惊到了，“原来老板是我在加薪这件事上的合作方啊！”

不要小瞧这个推导过程！当我们发现原来对方跟我们站在同一个战壕里时，原有的对立情绪，比如畏惧、不安、担心被拒绝，都会逐渐消失，我们的聪明才智才会开始施展拳脚。

让我们再回头看看谢丽尔·桑德伯格当年左躲右藏不敢让大家知道自己提前下班的案例。有一天，她忽然意识到自己根本没有必要这样做，回家陪小孩是她的表面需求，而平衡家庭生活、更好地投入工作才是她的深层需求。在这件事上，公司跟她的利益点是相同的，公司也希望每个员工都能妥善地安排生活、愉悦地生活，这对工作本身一定是有益的。

我有个朋友把自己累病了，不得不辞职。我很痛心，问他为什么不好好照顾自己，他一脸愁苦地说："我哪敢休息啊，业绩指标那么紧！"

"可是，把自己累到病倒，完全不能工作，岂不是更加得不偿失？"

"我也没办法啊，我总不能跟老板说'我要休息'吧。"

你看，这就是"不能暴露需求，否则就是暴露弱点"的典型思维。

你休息不好，每天痛苦地工作，效率不高，热情不高，这也不是老板想要的状态。痛快地玩，彻底地休息，投入地工作，这恐怕是新时代公司对员工最大的需求。

因为我们都不是商品，我们是追求存在价值的、活生生的人。

后来，桑德伯格改变了做法。她大大方方地告诉团队自己的工作时间，把需要碰面的会议都安排在白天，自己一个人就能处理的则放到晚上。有段时间，扎克伯格要求大家每周一晚上召开战略会议，这样桑德伯格不仅没法回家吃饭，甚至一整天都无法和孩子沟通交流。在合作思维的影响下，如果桑德伯格实在排不开时间，她就会把孩子带到公司，结果她发现，同事们对她儿子很热情，老板扎克伯格也不觉得有什么问题，还亲自教她儿子击剑。

可见，合理地看待需求、提出需求，让桑德伯格更好、更轻松地兼顾到了家庭和工作。

第三问是："如何说服对方满足我的需求？"

有了上面的两问，我们就能在意识层面彻底扭转之前的非合作思维。接着，很重要的一步就是将你的需求精准地表达出来。

这就是第三问：如何说服对方满足我的需求？

先来看一下开篇提到的桑德伯格在入职脸书公司时是怎么提出加薪的：

> "扎克伯格，我明白你很想让我来管理你的市场团队，所以你当然希望我是个优秀的谈判者。而此时此刻，我正在展示我的谈判能力。"

扎克伯格一直希望脸书能有更好的盈利模式，这也是他请桑德伯格来的原因。他需要桑德伯格推动市场团队，做出更好的业绩；他需要桑德伯格具备很高的谈判能力，包括跟团队谈判、跟合作方谈判。所以桑德伯格的这段话，基本就是冲着扎克伯格的诉求来的。

她几句话就把对方的需求、两人的共同利益说得清清楚楚。最终的结果是：扎克伯格在第二天就回了电话，他们把合作合同从 4 年延期到了 5 年，桑德伯格还成了公司的股东。

桑德伯格后来在《向前一步》这本书里写道，那次提需求不仅没有损害他们的关系，反而通过弥合分歧，让他们的利益有了更长远的关联。

既达到了自己的需求预期，又促进了合作关系，这不就是我们提需求时想要的最好结果吗？那么，我们怎么样才能做到和桑德伯格一样，精准地表达自己的需求呢？

我总结了一个通用的提需求句式，它可以让我们的精准表达更有力量。

这个提需求句式由三部分组成：

1. 你（合作方）想要什么？（看到并肯定对方的需求。）

2. 我们共同的目标是什么？（找到利益共同点，越具体越好，让对方看到你实现这个目标的可能性和不可替代性。）

3. 我的需求（深层需求）是什么？我的需求如何帮助我们双方更好地达到共同目标？

我们一起套入加薪这个需求，来实践一下。

“我理解老板希望我们都能不遗余力地完成今年的任务，我也是，这是我们的共同目标——为公司创造更大价值，让公司成为行业的领头羊。今年，我希望跟团队一起完成1 000万的任务，这是我做的详细拆解方案。”

“我希望能得到公司更多的认可，加薪会让我感觉到被肯定，也能激发我更大的工作动力。”

在这之后，你们可以就你如何达成目标进行更深入的探讨。

飒飒在我的建议下，用这种方式提出了自己的需求。她的老板并没有马上满足她上调月薪的要求，而是跟她一起商量了一个新的方案，确认按照季度完成度增加提成。飒飒很高兴，不只因为她的需求在一定程度上被满足了，而且因为在整个谈判过程中，她第一次意识到原来自己跟老板真的是平等的，他们真的是在合作。当他们两个人心平气和地就加薪方案进行探讨时，她已经感受到了被认可。

她告诉我，生平第一次，她觉得自己是一个有影响力的人。

回顾

非合作思维认为自己的需求是别人的成本，会降低自己在这个充满竞争的社会里的竞争力。我们要培养的是与之相反的合作思维。合作思维认为，我们和对方有平等的地位，我们的需求也是同等重要的，需要被满足，并且可以大胆提出来。

我总结提出了需求的“灵魂三连问”。

第一问是：“我的深层需求是什么？”注意，是深层需求。

第二问是：“我的合作方是谁？”这里引入了一个“利益共同体”的概念，能帮助大家更好地寻找合作方，由此找到合作方的需求是什么。

第三问是：“如何说服对方满足我的需求？”这一步，我分享了一个精准表达需求的公式——“你（合作方）想要什么 + 我们共同的目标是什么 + 我的需求（深层需求）是什么 + 我的需求如何帮助我们双方更好地达到共同目标”。

启动合作思维、敢于提需求、学会提需求——这是我们生活中时时刻刻都需要的能力。

你要了解自己、看到自己、说出自己的需求，并得到满足；同时，与你身边的人互相成就，更好地合作。

第 11 章

如何提出批评，但又能让人舒服地接受

权力思维会让你觉得被批评的对象要么低你一等，要么高不可攀。其实，批评可以很巧妙，你可以同时表现出百分之百的坦诚与百分之百的尊重，让对方接受你的意见。

如何提出批评，又能让人舒服地接受？这恐怕也是衡量影响力的一个参考依据。

人和人的大脑千差万别，每个人从小到大的经历也大相径庭，这都导致了我们思维模式的不同，在同一件事情上会持不同的意见。所以，不同的人有不同的看法，我们难免遇到反驳别人的情况，这在日常人际互动中实在太正常了。这种情况下如何提出反对意见、发表批评意见，又不致伤害到彼此的感情、破坏两人的关系，这一点非常重要。

这也是一个人展现影响力的关键时刻——处理得好，大家就能皆大欢喜，既让事情的走向按照理想的方向发展，又维护了你和对方的关系。

但对很多人来说，批评别人可不是件容易的事情——我们要么不敢批评，要么暴力批评，一批评就把事情谈崩了。

先说“不敢批评”。科里·帕特森在《关键对话》这本书里写过两个典型的案例。

第一个例子是，帕特森等人在调查了7 000多名医生和护士后发现，84%的人表示，他们经常看到有些同事在工作中为了图省事而违反安全操作的规定，比如不戴手套和口罩，或者不穿防感染的手术服——这可是事关人命的，病人一不小心遭到感染就会有大麻烦。但让人惊讶的是，在这 7 000 人中，有 84% 的人不敢当场指出同事的错误。

《关键对话》里还提到了一个更夸张的例子。一位女士到医院做扁桃体切除手术，结果手术小组竟然截掉了她的脚趾。后来医院调查这起事故，才发现在一环环的检查中，至少有 7 个工作人员对治疗过程产生过怀疑：他们不明白为什么要对患者的脚趾进行手术，但全程没有一个人主动提出自己的疑虑。

医院中的“不敢批评”事关人命，企业中的“不敢批评”带来的损害也不小。在《用事实说话》这本书中，作者马克·墨菲提到过一项调查——在调查了近 1 万名员工后，90% 的人说他们在发现同事有不当行为时，都曾回避批评同事，即使他们知道客户或组织会因此遭受损失。

这项隐秘的调查结果让人惊讶：明明看到前面有“坑”，我们为什么不提出来让公司躲避过去，以减少损失？由此可见，对很多人来说，张口批评真的特别难。

你有没有经历过这种情况——哪怕你心里的不满和怀疑已经很明确了，但就是张不开嘴？

除了不敢批评，还有一个“坑”叫作“无效批评”——你发表了批评，但对方并不买账。这种情况也很多。

比如，你跟伴侣说：“你不要一回家就瘫倒在沙发看手机打游戏，行吗？你这样也太不上进了！”你说了几百次也没什么用，本来你只是想简单地发表一些不同意见，结果这件事变成了你们的雷区，一碰就炸，大吵不止。

公司里也常有这种情况，开会讨论时，一位同事对另一位同事提出了质疑，前者马上反驳，两人一来二去就演变成了争执。旁边参会的同事不禁面面相觑："好浪费时间啊，他们在吵什么？"

我们之所以会陷入这样的困境，是因为发表批评意见很容易引发对方不快。若是在肚子里憋着批评的话，说，会破坏关系；不说，则会违背原则。

然而，批评真的总会引发冲突和负面情绪吗?

请你努力地回想一下，你有没有这样的经历，哪怕一次也好：在你和别人交流的时候，尽管你不赞成对方的观点，或者有人提出了反对你的意见，你并没有产生抵触情绪；相反，你能认真地倾听他们说的话，考虑他们的看法，接受他们的影响。

艾丽莎·马斯特罗莫纳科在《柔软的力量》里记录了一次让她心服口服的批评。

当时，奥巴马连任总统的竞选刚刚获得成功，《纽约时报》刊登了一篇有关白宫工作人员的报道，其中描述了艾丽莎的工作范畴：

"从奥巴马 6 年前首次宣布总统竞选以来，年仅 36 岁的艾丽莎·马斯特罗莫纳科一直负责奥巴马的行程安排和后勤工作。她将继续担任副幕僚长，负责团队运作，监管行程安排、人事等工作。"

这篇报道让艾丽莎火冒三丈。她不知道是哪个同事对记者这样描述她的工作，但她对这种处理“行程安排和后勤”的说法很敏感——这些词把她的工作说得就像是旅游代理一样轻松！

大家都知道，幕僚长是白宫很重要的角色，是美国总统办事机构的最高级别官员。白宫幕僚长是一个拥有很大权力的职位，任职者常被称为“华盛顿第二最具权力的人”。

事实上，艾丽莎无愧于这份重任，她为奥巴马的连任竞选做出了巨大的贡献。在奥巴马巡回演说的时候，飓风“桑迪”登陆了美国人口最密集的东海岸，形势严峻，但奥巴马还在外竞选，于是艾丽莎就留在华盛顿主持大局。

要知道，当自然灾害发生的时候，人们对政府的失误是零容忍的——如果政府部门没能高效地实施灾后重建的工作，奥巴马连任的可能性就会化为泡影。

事态严重。

于是，艾丽莎坐着军队的越野车上班，追踪暴风的进展，与各地方机构全面沟通，拍公益广告，处理倒闭的加油站和停运的列车……短短的几天时间里，她就把自己变成了交通基础设施和燃油方面的半个专家。

她出色地完成了这些重大而困难的任务，累得要命，甚至没力气去参加总统连任成功的庆祝晚宴。但是，这些工作刚结束没多久，《纽约时报》的报道就刊出了，说她的工作是负责“行程安排和后勤”。艾丽莎真的气炸了！她给所有同事发了一封措辞尖锐的邮件，她说：“不论是谁，我要让那个跟记者说话的人感到羞愧！”

奥巴马此时该怎么做呢？重要的下属刚刚立下大功，但她的工作在美国最权威的报纸上被贬低了，她还发出了那样一封看上去不怎么理智的邮件。

如果这时候奥巴马对她说：“你太莽撞了！你这么做损害了我们的形象、破坏团队氛围！”那很明显会火上浇油，因为艾丽莎最讨厌的就是受委屈——这是无效的“暴力批评”。或者，这么棘手的情况，要不就让它过去吧，当作没发生，反正飓风也过去了，奥巴马也顺利连任了——但这又是“不敢批评”，毕竟，艾丽莎的做法并不妥当。

事实是，奥巴马把艾丽莎叫到他的办公室，开诚布公地说：“是这样，我听说你发了封邮件。”

“终于要跟我说这件事了！”艾丽莎心想，“是谁告的密？等我找到这个人，再发封邮件让他知道我的厉害！……但总统会怎么说呢？他会说我太冲动了，还是我失态了？”

她警惕地看向奥巴马。

结果，奥巴马的第一句话，既不是指责，也不是忠告。

他说的是：“艾丽莎，你需要意识到你话语的影响力。”

这是非常厉害的一句话。奥巴马姿态平等、态度坚定地对她说：“你需要意识到你话语的影响力。”

后来艾丽莎在她的书里说，她对这次批评心服口服。她写道：“我要想想自己的行为会对所有相关人员产生什么样的影响！”这是一句适用于任何人的批评。因为这句“不是批评的批评”，她意识到自己要对“精神状态有所警醒”，她开始在内心深处反省自己的脾气和耐心。

奥巴马的这一句话，既达到了批评的效果，又维护了两人的关系，堪称教科书级的批评。

你看，批评也可以很巧妙，让对方乐于接受，我们在批评时可以同时表现出百分之百的坦诚和百分之百的尊重。

但是，为什么我们常常做不到呢？要么不敢批评，要么无效批评？我们为什么总觉得“维持关系”和“保持原则”只能二选一呢？这是因为我们经常会陷入“权力思维”之中，觉得被批评的对象低自己一等。

要讲明白这个原理，得先来看暴力批评里的“权力不对等”。

回想一下，你在工作中有没有这种情况：同事对业务不熟练，事情没做好，你一下就烦了，脱口而出：“你在干什么？有没有搞错啊？这种错误也会犯！”

影视剧里气场十足的职场精英形象一般都是这样的——女主管把方案往桌子上一拍：“做了这么久就做出这种东西吗？拿回去重新改！”一旁的职场小白瑟瑟发抖。

在这类批评背后，我们没意识到的潜台词是：“这个人好没用，很差劲！这个人性价比太低了！”你发现了吗？在这种时候，我们把周围的人当作配合我们完成目标的工具——工具坏了或者不好用，我们就要撸起袖子来修理一顿。

你可能不愿意承认，也可能意识不到，但在这种心态下的批评，一定带着指责和嫌弃。这些情绪不仅会体现在你的语言里，而且会在你的语气、神态，以及肢体动作中流露出来。

人的自尊心就像敏感的触角，会敏锐地接收甚至放大这些负面信号。在《关键对话》中，作者科里·帕特森说，人们不会因为你表达的内容感到气愤，他们之所以表现出抵触情绪是因为在对话中失去了安全感。

坐在你对面的那个人因为不安而产生防御。他会找借口，比如，“我不能完成这项工作，因为没有人配合我，太难了……”他会推卸责任，比如，“这不关我的事，这些是别人该承担的工作……”他也可能变得具有攻击性，比如，“你连自己的事情都没有做好，凭什么对我们指手画脚？”

还有一种防御：他开始沉默，坐在那里不言不语，像一堵墙一样，不配合谈话。

互动关系是双向的：你的批评会激发对方的防御，对方的注意力也会从解决问题转移到维护自尊上。

在这种情况下，你还怎么指望和对方高效沟通、一起解决问题呢？

因为你心里有了权力高低之分，认为自己比别人高一等，发出的批评是自上而下的，就会产生这种暴力批评。

同样，如果你自认为是权力的另外一端，是低的那一端，你就会出现权力思维的另外一种情况：不敢批评。

面对家里的老人、公司的权威、重要的客户，你觉得对方位高权重，生怕自己一不小心触犯了对方，被痛骂一顿。

这时很多人就想：“算了算了，多一事不如少一事。”于是，我们才会看到开篇的案例：医生看起来不怎么守规矩，但护士们都一声不吭。

你看到这里也许要反驳：“不对，有时候我不敢批评，是因为我想保护对方的自尊心。在这种情况下，我不是陷入权力思维了吧？”

怎么会不是呢？这种小心翼翼的心态，难道不正是权力思维吗？想保护对方，是因为你觉得对方弱、不堪一击，本质上你还是认为在权力这个层级上，他比你低一级。

很多新上任的主管都不怎么会批评别人，他们常见的内心活动是：“他会不会受伤啊？我好歹是主管，他要是被我批评了，会很受打击吧？”每次听到这种反馈，我都会告诉这些主管：“你别这么自恋，也别这样小看人家！”

因为当你这么想的时候，很容易就会掉进“弱化问题”的陷阱——本来应该坦诚告诉对方的事情，结果说得不清不楚，对方一有什么反弹，你立即就收缩了。不明就里的人还以为你是那位被批评的员工，而对面坐着的是老板呢。

分析到这里，你是不是有些困惑？一会儿说你因为权力思维会发表暴力批评，引发对方防御；一会儿又说你因为权力思维会觉得对方弱，不敢批评，结果很多问题都被弱化了，没办法引起对方的重视。

作为要提出批评的人，强也不是，弱也不是，那到底该怎么办？

这里的关键问题是：提出批评，就只能非强即弱吗？真的只有这两种选项吗？

当然不是，还有第三种批评方式。之前，奥巴马教科书级别的案例已经给我们树立了很好的榜样，他对艾丽莎的那段批评态度明确，姿态不强硬也不软弱，掷地有声，效果也很好，简直就是影响力的完美展现。

他说的那句“你需要注意你话语的影响力”，听上去甚至都不是我们传统意义上的批评，但那句话的效果好极了。

这种不强也不弱、不像批评的批评，你做得到吗？

当然可以，但首先，我们要回到影响力的核心思维——合作思维上。

回顾

我们之所以总是处理不好批评的尺度和方式，是因为我们经常会陷入一种“权力思维”，觉得被批评的对象要么低我们一等，要么只能让我们仰望。只有认识到双方是平等的，才能让批评者逃开非强即弱的困境。

请想一下，你最近遇到了什么批评难题？如果用合作思维，你是否能提出一个“奥巴马式”的完美批评呢？

第 12 章

合作式批评：因人而异，采取不同的反馈方式

当你进入合作思维时，就会从提出批评意见转变为反馈。你不再把批评当作攻击或伤害，你的眼里只有平等的反馈和共同的目标；而给出对方具体可操作的正面反馈，则是提高沟通效率的关键。

上一章，我们分析了在权力思维下，批评这个动作常常会走形，它要么变成暴力攻击，要么变成不敢批评。

那么，是否存在一种完美的批评，让对方在乐于接受的同时，自己也能达到目的？

当然存在。而拥有这种批评能力的前提，仍然是“合作思维”。

当你觉得对方简直错得离谱时，可以启动合作思维、转念一想——“她也是为了做成事情。那为什么她会这样做呢？”好奇心会带领你往前走，走向真实的原因，这时谈话就能很快进入探讨解决方案的步骤上，而非仅仅停留在推卸责任或者指责对方。

作为管理者，有时候面对年轻的下属，我会觉得对方柔柔弱弱，而且是一个新人。我在犹豫要不要批评她时，会转念一想：“我们是平等的合作关系，她坐在我对面，是因为我们要共同完成一些使命；她掉进误区，我一定要指出来，这才是对这次合作关系负责任的态度。”

或许你已经发现了，当我们进入合作思维之后，“批评”这个概念都不存在了，我们完成了一个对批评“脱敏”的过程。

我们自然而然地从提出批评意见，变成了给出反馈。

这是合作思维对批评这件事带来的最大影响——批评，变成了反馈。

在《奈飞文化手册》中，奈飞公司特别强调，“绝对坦诚的反馈会带来价值”。

很多员工会跑到管理者那里抱怨，事无巨细地批评那些惹恼他们的人。但奈飞的管理者都会问他们：“当你把这些感受告诉当事人的时候，他怎么说？”抱怨的员工通常会说：“我没法把这些话告诉他！”管理者就会反问：“但是你告诉我了，不是吗？”

管理者说这句话是想帮助员工意识到，在背后说人坏话是不对的。然后，他们会建议员工用不带情绪、描述事实的方式，把刚才的意见再表达一遍。

在奈飞的文化里，没有什么问题是不能当面聊的，他们把一切批评和抱怨都称为“沟通”。

这个转变非常非常重要。前几天我问一个员工，为什么当天的产品推广文章效果那么差，她支支吾吾不肯说，我追问几句，她说：“这个事儿，我要不关上门说吧。”原来，她是想表达对配合她的同事的不满，但她从来没有跟当事人聊过。

我以前遇到过一个 HR，做员工谈话时，他收到了员工对某位主管的负面评价。他跑到我办公室跟我说这事，我问了他两个问题：“第一，你有没有鼓励员工直接跟自己的主管表达？第二，你有没有直接跟这位主管转达员工的评价？”HR 一副“我才不做这种事儿”的表情，后来我把他劝退了。

这种“不想、不敢、不愿意”提出批评的情况太常见了。

那么，这种情况什么时候会改变呢？只有当我们不再把批评当成攻击或者伤害时，我们的心态才会变得坦荡，同事之间也没有高下之分，只有平等的反馈和共同的目标。

到这里，我们看到了一个思维转化的过程。这个转化的过程很重要，在这个过程中，我们把难以应对的批评，转化成了一个词，即“反馈”。

这里有三种反馈的方式分享给你：事实式反馈、求助式反馈，以及关怀式反馈。这三种都是比较好的反馈形式，多练习，把它变成习惯，我们就会在提出批评这件事上变得更加高效得体。

第一种反馈叫作事实式反馈，它的核心理念是“放下评判，用事实说话”。

用事实说话的第一步，是区分观察和评论。

观察反映的是客观事实，而评论常常涉及负面看法。举几个例子：

“A是个不守时的员工。”——这是评论。

“A在上周迟到了4次。”——这是观察。

“你很少配合我。”——这是评论。

“我最近组织了3次活动，每次你都说你没时间参加。”——这是观察。

“我丈夫不顾家。”——这是评论。

“我丈夫上周有5天没有在晚上10点之前回家。”——这是观察。

鲁思·贝本梅尔写过一首诗，叫作《我从未见过懒惰的人》，很贴切地反映了观察和评论的区别。其中有几句是这样的：

我从未见过懒惰的人
我见过
有个人有时在下午睡觉
在雨天不出门
……
我从未见过愚蠢的孩子
我见过有个孩子有时做的事
让我不理解
或不按我的吩咐做事
……

观察比评论更能准确地传递信息，并且更不容易引发对方的防御。印度哲学家克里希那穆提甚至说："不带评论的观察是人类智力的最高形式。"

我曾经在跟儿子小核桃的一次沟通中，感受到过"观察"的力量。

那时候小核桃还很小，刚刚学会算数，我们常常互相出题玩。有一天我在开车，随口问了小核桃一句："1+3 等于几啊？"他说："1+3 等于 8。""啊呀，真笨，你瞎说！"——这句话几乎就要说出口，我忽然心思一动，问他："为什么等于 8 啊？"

"在电子表上，1 和 3 拼在一起，就是 8 呀！"他特别高兴地说，像是发现了什么不得了的事。

我这才反应过来。真的，电子表的数字线条不是圆润的，是有棱有角、拼在一起的，1 和 3 叠在一起看上去真的就是 8。

我很庆幸自己保护了孩子天马行空的想象力，也很庆幸孩子让我发现了一个新视角。

不带评论的观察，总是抱有一颗好奇心，会给我们带来很多惊喜。

《奈飞文化手册》里还提到一个细节：他们鼓励员工在所有的互动中，用事实说话。比如，当销售人员愤怒地冲到工程师面前时，他们不能说："你必须搞定这该死的缓冲时间问题！"他们应该说："你能帮我分析一下，为什么缓冲要花这么长时间吗？"

奈飞公司认为："带着好奇的心态，以探究事实为目的去沟通，才能在双方之间建立起一座牢固的理解之桥。"

每次开口之前，你都可以想象自己的脑袋里面有一盏灯亮起："哎，我是评论，还是观察？"反复提醒自己，以后它就会变成你下意识的动作。

事实式反馈的第二步是提出具体的需求。你要在指出别人的"错误"后，接着提出怎样做是"正确"。

《非暴力沟通》的作者马歇尔·卢森堡在书中曾提到这样一次经历。在越战期间，他被邀请去参加电视辩论。晚上他回到家看录像带，发现自己的辩论方式特别失败。他告诫自己，下次辩论时绝不能这么被动。此时的他只是提醒自己要避免什么，但他没有提醒自己需要主动做些什么。一周后，他被邀请继续上一次的辩论。去演播室的路上，他一直在提醒自己不要犯同样的错误。节目一开始，对手就按上周的方式展开了辩论。在对手结束讲话后，大概有 10 秒，他努力控制自己不要按原来的方式进行回应。结果，他一开口辩论，就发现自己回应对手的方式和上次一模一样。

这个事例很直观地反映出，只是“指出问题”还远远不够，我们都拥有属于自己的行为模式，而且比我们想象的更顽固。

在生活中我们也常常遇到这种情况。网络上有一个段子被疯传，妻子对丈夫说：“客人马上要来了，家里还一团糟！你不要坐在那里玩手机了！”然后丈夫就把手机放下，坐在沙发上发呆。网友们纷纷留言说：“哎呀，我丈夫也是这样的，你不跟他说清楚，他就什么也不会做。”

玩笑归玩笑，但给出具体可操作的正面反馈才能提高沟通效率，这一点毋庸置疑。更高效的说法是：“客人要来了，你去买点儿蔬菜和水果好吗？”而不是说：“你别玩手机了！”

正如 18 世纪著名的评论家约瑟夫·艾迪生所说：“真正懂得批评的人看重的是‘正确’而不是‘错误’。”

《非暴力沟通》里还提到过这样一个案例：

一对夫妻因为长久的争吵而去做婚姻咨询。妻子抱怨丈夫：“你没有让我成为我自己！”

这是一个很典型的指责型批评，自然引发了丈夫的防御。丈夫反驳道："我没有吗？"

妻子说："你当然没有！"

丈夫反问："你到底想要什么？"

妻子说："我希望你给我自由！"

看上去妻子已经给出了正反馈，但是这样的需求依然太过抽象，不具有操作性。在咨询师的追问下，这位妻子终于意识到了她想要什么。她说："准确地说，我希望，不论我做什么——为自己买什么衣服，或者报什么培训班，你都能支持我。"

很明显，相比"给我自由"，这才是一个更为具体、可实操的需求。提出具体的需求，不代表对方一定会满足你。但它会帮助我们就这个需求进行进一步讨论，而非一直就一个"云端"话题进行争辩。

事实式反馈最大的好处之一，就是它营造了具体、透明的氛围。在这类反馈中，没有人会因为口才好而获胜，所有人的聚焦点都在事实上。这是最高效的反馈。

除了事实式反馈之外，我们还有很多提出反馈的方法，比如求助式反馈和关怀式反馈。

在求助式反馈中，我们通过求助提出批评。当然，这个批评是带引号的。比如，当同事没有控制好时间点，耽误了项目整体进度的时候，你可以对他说："按照计划，我们已经落后了3天，我感到很焦虑，让我们来看看可以做些什么吧。"

这里的关键点是："我们仍然是平等关系，我在表达我的感受，而不是对你的指责和攻击。我请你跟我一起想办法。"这种表达方式会让对方感到被尊重以及有价值感。谁都希望自己有价值——可以帮助自己的队友消解焦虑，就是价值感的一部分。

还有一种反馈方式叫作"关怀式反馈"，它不仅能指出问题，还能激励对方主动解决问题。

西蒙·斯涅克（Simon Sinek）是一位优秀的演讲家和咨询顾问，他的 TED 演讲点击率已超过 4 770 万次。之所以提到他，是因为在"关怀式反馈"这个话题上，他也发表过深刻的见解。

你的下属走进你的办公室，他已经 3 个月都没有完成目标了，你要怎么跟他反馈这件事？

第一种做法是，对他说："你的销售额已经连续 3 个月下滑了，你必须把业绩提上去，否则我不敢确保你的未来是怎样的。"

听着耳熟吗？我观察到的很多管理者是习惯这样表达的。他们会说："如果你再达不到业绩，就要走人！"

你认为收到这样反馈的员工，第二天上班时会踌躇满志吗？

但是，你还可以这样说："你的销售额已经连续 3 个月下滑，一切还好吗？我很担心你，发生了什么事吗？"

这是西蒙给我们的建议。

我们都经历过低潮期，生活中充满着各种困难，可能是家里小孩生病了，可能是婚姻上出现了问题，可能是年迈的父母病情严重。每个人的生活都面临着各种挑战，我们并不知道别人的全部，也许这些因素都会影响他们在工作中的表现。在关怀式反馈中，我们关心的是对面这个真实的人，而不仅是他的业绩。

前段时间，有个朋友找我聊天，他从原公司的高层位置离职出来创业。我很好奇他为什么会走，因为他非常能干，曾是原公司最有希望的接班人。他跟我说，那段时间他业绩不太好，也跟大家在开会时坦诚地交代了，说自己有些生活上的事情影响了工作状态。结果他的老板说："我根本不在乎你的私事，公司只看你的业绩。"

这句话让他动了离职的念头。留不住心，也就留不住人。

全球最大、最成功的直销企业之一——玫琳凯公司就有"以人为本"的企业文化，其业务遍布五大洲，覆盖超过 35 个国家和地区，在全球拥有 300 万名员工。它的创始人兼董事长玫琳凯·艾施在《玫琳凯谈人的管理》一书中写道："P 和 L 不只是利润（profit）和亏损（loss），更是指人（people）和爱（love）。"

在书中，玫琳凯分享了许多巧妙给出反馈的案例。在玫琳凯公司，曾经有一个优秀的美容顾问玛格丽特，她以前的业绩非常好。但不知道为什么，有段时间她的工作热情减退了，甚至拒绝参加销售会议。

玫琳凯女士是如何解决这个问题，改变这位员工的行为的呢？她打电话给玛格丽特的上级，说玛格丽特最近的最大困难似乎是在"应对预定业务”上，并问他能否让玛格丽特在下次的销售会议上承担一个重要的角色——组织讨论这个话题。

“或许玛格丽特可以指导别的同事，用最好的方式发起和跟进产品预定。”玫琳凯说。

在销售会议的当晚，主管邀请玛格丽特回顾并分析了她过去在预定工作中的所有成功经历。在那次会议上，玛格丽特成功地启发了所有人，更重要的是，通过分享，她找到了自己最近在预定业务上的问题，并重拾信心。她相信，她可以再次获得成功。

玫琳凯总结说：“当你发现有人做得不好时，换位思考一下，然后想办法和他一起解决问题。如此一来，你就不会成为一个严厉的批评者；相反，你会成为一个良友，对方也会觉得他拥有了一个和他共同解决问题的盟友。当你们建立这种关系后，你的‘新朋友’不仅会特别感激，而且会竭尽全力，不让你感到失望。”

不论是西蒙还是玫琳凯，他们都把批评对象当成了自己的合作伙伴，真诚地关心对方，和对方站在同一战线上，共同解决问题。

只有我们彼此支持，我们才不会孤独。

但我要特别提醒一点，并非所有人都适合于求助式或关怀式反馈。这两个案例里的主角都是曾经有过辉煌战绩的人，这一点很重要。在企业管理中，选人比培养人还重要。选对了人，才会有后面的这些互动。

管理是一门关于人的艺术，你需要了解对方的特性，对不同的人采取不同的反馈方式。

回顾

这一章我们提到了三种反馈方式：事实式反馈、求助式反馈和关怀式反馈。实际上，反馈的方式有很多种，这三种只是其中一部分，并不是百试百灵的标准答案。或许有的时候，你实在控制不住脾气，会升高音量、大喊大叫——那也没关系，我们不是圣人，我们也会犯错。但你必须记住一个原则：你和对方是合作的关系，你的批评和反馈是为了帮助你们把事情做得更好，而不是为了单纯地发泄情绪或者伤害对方。这么想的话，哪怕是发了脾气，你也会在事后有勇气站到他面前，看着他的眼睛向他道歉，邀请他复盘整个事情的过程——也许因为这次冲突，你们之间有了更深的联结也说不定。

我欣赏的投资人瑞·达利欧是全球头号对冲基金公司——桥水的创始人，他在《原则》一书中写道："我们之间越是互相关爱，对彼此的要求就越严格，业绩也就越好，我们能分享的奖赏也就越多。这是一个自我增强型的循环"。

可见，合作式批评不是回避，不是做老好人，不是对错误置若罔闻，而是一门更好地表达不同意见并让他人乐于接受的艺术。

希望你在这个过程中，达成目标，收获并肩作战的小伙伴。

第 13 章

精准表达：金字塔沟通法，帮你说对话，每天节约 2 小时

糟糕表达只关注“发生了什么”，精准表达则会死死咬住“我要和你实现什么”。在准确描述事实的同时，你所说的每句话对所有听众（观众）都应具有重要性，要有“让对方愿意听完整个故事”的基本日标。

我们每天睁开眼就开始沟通——跟家人、跟同事、跟客户、跟老板、跟朋友。这看上去只是很日常、很普通的人际交往，对吗？但是不同的沟通，差别也是巨大的。

开会时，有些人三五句话就能把所有人的注意力牢牢抓住——大家都喜欢跟这样的同事一起工作，因为沟通成本低。但另外一些人一开口，大家就默默拿起手机开始回微信、刷朋友圈，做自己的事。大家客气一点儿的反馈是："不好意思我没听懂。"粗暴一点儿的反馈是："你到底在说什么啊？毫无逻辑！"

这其中的差别，就在于这个人是否做到了"精准表达"。

什么是精准表达？我先举个例子。

好莱坞喜剧片女王、电影《西雅图夜未眠》的编剧诺拉·艾芙隆是美国非常著名的编剧和制作人，曾被多次提名奥斯卡金像奖。诺拉最早的职业是记者，她曾说自己之所以能够成为记者，全要归功于她的高中新闻课老师。

她第一次上新闻课时，老师给出了一则事件，要大家为它拟一个导语。这是新闻写作很常规的一次练习。新闻里的导语很重要，是一篇文章能否吸引人的决胜点，因为写作者根本不知道读者会给这段导语多久的阅读时间，可能有5分钟，也可能只有3秒。所以，每个新闻记者都要训练自己，把导语写得精简明了，点明全文最重要的信息。一个好的导语会让我们在最短时间获得最想要的信息，而且还会让我们有继续读下去的欲望。

这也是我们与他人交流时，最希望达到的效果。

诺拉那天的作业是这样的：比弗利高中通知，全体教职员工于下周四前往萨克拉门托参加一个教学方法研讨会。与会发言者包括人类学家玛格丽特·米德、芝加哥大学校长兼教育学家罗伯特·梅纳德·赫钦斯以及加利福尼亚州州长埃德蒙·布朗。

现在停下来，用一分钟时间想一想，如果是你，你会怎么写这个事件的导语？

回到那间正在上新闻课的高中教室，诺拉和同学们给出的导语大多这样的："某人将于下周四前往某地向某高中全体教职工发表讲话。"

看上去已经比较精简了，对不对？你猜，诺拉的新闻课老师给出的导语又是什么？

只有六个字："下周四不上课"。

很多年以后，诺拉还能清晰地回忆起当时的感受，她说那简直是让人屏息的一刻。她盯着这六个字，忽然理解了新闻是什么、新闻导语是什么。

而这个例子让我知道了，精准表达是什么。

我给精准表达的定义是：准确描述事实的同时，表达出的每句话对看的人、听的人都有重要性。就是说，每一句话对大家来说都有意义、都有关系。

“下周四不上课”这简短的几个字，就是学生最看重和最需要的信息，即使他们不看后面的内容也没关系，因为这六个字绝对比任何其他信息都更吸引学生，让他们更有兴趣往下看。

新闻如此，日常表达、职场沟通也是如此。

我印象最深的一次关于精准表达的事例，来自一个刚入职的同事K。当时我准备招聘一个产品经理，因为K做过产品经理，所以我请她帮我复试一下，把把关。结束之后，K给了我一个面试记录，超出了我的预期。

一般我收到的面试记录，就是如实还原面试现场，把面试双方的沟通情况简单记录了下来。好一点的情况呢，是在这个基础上给一些简单的评价。K给我的面试记录，开头第一句话是：“结论：1~5分的话，我能给4.5分。”然后她用了三段文字，从逻辑能力、抗压、产品经理方法论三个方面，分析了为什么她给这位面试者打了4.5分。

在这份记录的第二部分里，她记录了这次沟通的主要目的，分为“道”和“术”两个方面，从产品经理的岗位理解和工作方法论两个维度记录了面试过程；第三部分简要还原了关键问题的问答记录。

为什么我会觉得她的记录超出了预期？因为K观照到了我作为决策人最想看到的内容。在还原事实的同时，她从一开头就给了我结论、建议，以及对这些结论的佐证。

我开玩笑地跟人力部门说，这是比所有人力专员做得都好的一份面试记录，而 K 并不是人力专员出身。这件事给我的触动是：精准表达其实是一种思维方式，掌握了这种思维方式，那么在任何场合你都能脱颖而出，发挥自己的影响力。

那么，我们能掌握精准表达吗？

当然能。但是，在学习具体方法之前，你首先要明白：任何表达的幕后推手都是思维模式。你是怎么说的，取决于你是怎么想的。如果我们看不到精准表达和糟糕表达背后的思维差异，我们就无法学会精准表达。这个差异是什么呢？我用一句话来总结：糟糕表达只关注“发生了什么”，精准表达则会死死咬住“我要和你实现什么”。

什么意思呢？就拿写面试记录的例子来说，你把面试过程像庭审记录官那样事无巨细地写下来，这种表达就是只关注“发生了什么”的典型代表。问题在于，老板或者你的同事请你去听面试，只是为了知道谁都问了什么、谁都说了什么吗？如果真的是这样，那么一支录音笔不就足够了吗，根本就不需要你！所以，你去听面试，必须要先想清楚一个关键问题：“我听这次面试，要和老板实现什么目标？”

答案显而易见，你要和老板实现的是：帮助老板做一个判断，保证录用有价值的人才。当我们把思维对准这个关键问题，我们自然就知道最该表达什么。

再举个例子，职场人小熊正在和几个合作方就一个项目做最终确认。他要约所有合作方参会，但原定周二的会议需要变动，因为其中一个负责人临时出差没时间，这位负责人只有周三之后有时间参会。其他两家公司负责人的时间是这样的：一个人周四以后可以，一个人周五可以……这样会议时间只能调整到周五下午 2 点。关于这件事情，小熊该怎么跟大家沟通呢？

> 方案一，把上面一堆事实讲给老板听？比如“本来会议定在周二开，现在因为这个人有事，那个人没空，所以我们要调到周五下午……”这样汇报至少需要 3 分钟。
>
> 方案二，直接汇报“某某会议改到周五下午”，然后根据对方反应，再看后续要进行多详细的解释。

每天都会有很多同事走进我的办公室，用方案一的方式沟通工作。我会无数次打断他们：“你的结论是什么？”而方案二则简单明了、直击重点。

两种方案背后的思维模型很不同，方案一是只关注“发生了什么”的思维；方案二则是合作思维。

只关注“发生了什么”的表达，其背后暗藏的是非合作思维，因为我们的关注点只在自己身上——“我刚才经历了什么？我要跟你表达什么？”我们局限在很小的范围里，并没有去想：“我要说的这件事和对方有什么关系？”前面讲到的新闻课老师写导语的例子：“比弗利高中通知，全体教职员工于下周四前往萨克拉门托参见一个教学方法研讨会。与会发言者包括某某某。”这是标准的“发生了什么”，可是和学生有什么关系呢？老师要参加研讨会，然后呢？这种自说自话的表达里找不到合作思维的影子。

相反，“下周四不上课”这句话一下子就击中了学生，让他们知道这件事和自己的关系是什么。这不就是合作思维吗？

“我想和你实现什么”这句话本身就是合作思维的灵魂。合作说白了，就是和对方一起实现一个目标。表达也是，任何表达必定有一个“对方”，有一个“目标”，即使只是纯粹地讲个故事，至少也得有“让对方愿意听完整个故事”这个基本目标。脱离对方和目标来表达，必将沦为只有自己能听懂的呓语。所以，精准表达一定要从合作思维起步，合作思维就是表达的灵魂。

明白了这点之后，我们就可以着手进入方法论部分了。我们的方法主要解决“知道却做不到”的问题。我知道，有的朋友明白上面的道理，但是一旦进入实践，他们还是会思想混乱，抓到什么说什么，最后发觉自己还是在“发生了什么”这个问题附近绕来绕去，找不到“我要和你实现什么”这个关键问题。

“爬金字塔”的方法恰好能用来解决这个问题。这个方法要求我们把整个表达看成一座金字塔——“发生了什么”是在陈述事实，它是金字塔的基础，最底部的一层；而“我想和你实现什么”就是金字塔的塔尖，是表达的最高层次。我们需要从底部爬到金字塔顶部，这样才能站在塔尖，看清自己要讲什么。

举一个例子。比如，这个月你没有完成实际预算，你想在周会上跟公司领导汇报工作并请求支持。你要说的一个事实是“7月销量是100万元”，围绕这个数据你罗列了很多细节和困难之处。想想看，你想说的内容处于金字塔的哪一层？没错，这些是处在最底层的信息：“发生了什么”。

接着让我们爬到第二层，第二层是“我怎么看待发生的事情”，就是如何分析销量是100万。你的分析是：“7月销量和6月持平，没有明显的增长，但没有完成150万的预算，原因是投放的软文过于零散，没有事先筛选出有效渠道，也没有在事后及时监控效果。”到了这里，我们就能向上爬到第三层：“我要做什么？”你想做的是：找专人仔细分析和筛选优质渠道，进行精准和高质量的投放。

现在，我们离塔尖只差一步了，你可以问自己：“我要和你实现什么？”你想和老板实现的是：由于自己部门人手紧张，而下个月的任务不容有失，希望可以从其他部门借调一个人来专门做筛选渠道的工作。这样，我们就从金字塔的底层爬到了塔尖。

我再重复一下各层的问题：

第一层：“发生了什么？”——事实；

第二层：“我怎么看发生的事情？”——分析；

第三层：“我要做什么？”——目标；

第四层：“我要和你实现什么？”——合作。

只要我们在任何表达前停下来，先在脑子里爬完这座金字塔，就一定能找到塔尖的关键问题的答案。

金字塔表达法的关键是：当我们开始向对方表达时，我们不能让对方重新爬一遍金字塔，而应该直接把对方轻轻放在塔尖，让他上来就能一览全貌。接着，我们可以从塔尖一层层往下表达。

在刚刚的发言分析中，精准表达是这样的：

> 先进入最顶层的合作层面——“我要和你实现什么”：“老板，我希望可以从其他部门借调一个人来做这项关键工作，这项工作直接关系到下个月我们能否完成预算。”
>
> 再溜回到第三层的目标——“我要做什么”：“我想对我们投放的公众号进行事先的筛选和事后的监控。”
>
> 再下到第二层，来分析“我怎么看发生的事情”：“为什么这项工作这么重要？因为我发现上个月渠道的投放转化率极低，而我分析的原因是我们投放的渠道有很大比例存在数据造假。我们 7 月在公号上的投放比起 6 月翻了 3 倍，但是 7 月销量只有 100 万，相比 6 月却没有增长，原因就在于此。”
>
> 最后回到第一层的事实：“具体数据和我对一些公号的虚假流量分析，请看我这几页的报告。”这里要特别注意，你要用事实说话。

发现了没有？这个表达的顺序是从塔尖到塔底，正好和“爬金字塔”的顺序反过来——先说“我要和你实现什么”，再说“我要做什么”，而我要做这件事的原因就是“我怎么看发生的事情”，最后附上“发生了什么”的数据和事实。

我们可以设想一下，如果我们用“爬金字塔”的正向方法来表达，上来先给一组数据，说一遍为什么完不成任务——如果真这么做，很有可能会“成功”引发老板的不耐烦，他烦躁的点在于：“说说你准备怎么办？给我解决方案啊！”与会的其他同事烦躁的点是：“这跟我们有什么关系！”

相反，从塔尖开始的表达最能帮助你抓住对方注意力，因为对方第一时间就能掌握最需要、最核心的信息，这样就能知道你的意图，就能知道他要做什么。这个过程会给对方一种“主动权”——一种沟通上的主动权。

这正是合作思维的体现。因此我把精准表达本身称为“溜金字塔”——让对方从塔尖溜下来，顺滑地一路到底。而准备表达的过程是“爬金字塔”，需要你自己来完成。这就能解释为什么我们听有些人说话是一种享受，因为他们把爬金字塔的工作自己做了，让你一溜而下地滑到底；而为什么有的人说话让你无比痛苦，因为他们自己说得很爽，却把爬金字塔的苦差事推给听的人去完成，让你边听边爬，当然能把你累死。

准备的时候要“爬”，表达的时候要“溜”，这个口诀是不是挺好记的？

回顾

每个人都想在沟通时发挥出自己的影响力，而做到精准表达是最有效的途径。概括来说，精准表达的背后推手就是合作思维。关注到共同的合作目标，关注到对方到底需要什么，才能开始精准表达。

至于怎么达到精准表达？我们用的是金字塔原理，这是国际咨询公司麦肯锡大量使用的一种思维模型，很多世界顶级公司的培训也都在用。我把它进行了改造，拆分模拟了两条路径：一条是准备表达之前的思考过程，我们用爬金字塔的方式从下往上，层层推进；一条是表达时，我们要用溜金字塔的方式，自上而下，结论先行。

精准表达看上去是一种很理性的思维模型，它也的确给过我很多帮助，比如节约时间、高效解决问题、影响别人。但是它给我的最大帮助，是消解孤独。

我常常说，千金难买低沟通成本。你们面对面坐着——对方是与你关系最紧密的同事、你最亲密的伴侣，你们说了很多话，却并不确定有多少内容被对方真正理解了。人和人之间的相通，真的太难了。因此，得到理解并且理解别人，显得弥足珍贵。精准表达给过我这种体验。

希望你在精准表达的支持下，发挥属于你的影响力。

第 14 章

知识的诅咒：找到对方的“信息缺口”，实现沟通同频

打动别人的能力，是影响力的一种表现。你必须把对方当成合作者，不能只沉浸在自己的认知中，你只有破除“知识的诅咒”，才能在情感上打动对方。

在上一章讲述的精准表达中，我讲到了如何让自己的表达准确地影响到别人，方法是采用“合作－目标－分析－事实”的结构，用爬金字塔和溜金字塔的方式，向他人精准传递信息，高效解决问题。

但是，生活中仍有很多时候，明明理顺逻辑了，也讲通道理了，但对方还是无动于衷。这是一种更复杂的情况——当道理和逻辑行不通的时候，我们如何用更高级的方式打动别人？

先来看一个故事。故事的主人公，是风华绝代的英国女演员奥黛丽·赫本。

赫本为世人所知，是由于她精湛的演技和出众的美貌——《罗马假日》中优雅俏皮的安妮公主，是无数人心中最经典的女性角色。美国电影学会曾把赫本评为“百年来最伟大的女演员”中的第三位，时尚杂志《ELLE》将赫本评选为“有史以来最美丽的女人”之一。

但赫本的魅力不仅在于她的演技和美貌。她晚年热心慈善，是联合国儿童基金会的亲善大使，曾亲赴拉丁美洲和非洲的偏远国家和地区，为当地的孩子们发声和募捐。在联合国儿童基金会的纽约总部，有一尊名为“奥黛丽精神”、7 英尺（约 2.13 米）高的赫本的青铜雕像，而她是历史上获此殊荣的第一人。下面这个故事，就发生在赫本帮助贫困地区孩子的过程中。

有一段时间，许多人道主义者对战争国家儿童的关注度大幅下降，他们只是拿出一些钱，之后便不再理会。这种现象被一些人称为“捐助疲劳症”。但对这些孩子来说，只把钱丢过去是远远不够的，他们的健康、教育和生存环境，都需要全球各界人士持续关注。

“捐助疲劳症”产生的原因其实不难理解。1960 年至 1993 年，非洲大陆经历了 24 场战争，随之而来的是大规模的黑色难民潮。对大多数人来说，第一次面对他人的苦难时，他们愿意伸出援手，也会密切关注。第二次或许仍会支持，但是第十次呢？第二十四次呢？

面对这些看上去持续不断的灾难，人们变得越发冷漠。这种转变也许只是出于一种自我保护。当时还有一种论调说，这些不幸是政治层面的问题，国际慈善组织是无法从根本上解决的。在这样的情况下，想要引起社会各界对战区儿童的持续关注，更是难上加难。那么，该怎么做呢？

请求帮助吗？——“你们不知道，那些战区的儿童真的很可怜，他们需要更多人的支持和帮助！”

或是质问？——“你们怎么忍心自己喝着咖啡、吹着空调，却对濒临死亡的非洲儿童漠不关心？你们太冷漠了！”

或许像精准表达那一章提到的那样，用事实和逻辑说服他们？

事实上，试图用事实和逻辑说服他人是许多有识之士采取的做法，他们在募捐信上用数据详尽地展示了问题的严重性：

- 马拉维的食物短缺问题波及 300 多万名儿童。
- 赞比亚的严重干旱问题导致从 2000 年起玉米产量下跌 42%。据估计，300 万赞比亚人面临饥荒。
- 安哥拉共有 400 万国民（相当于其全国人口总数的 1/3）被迫背井离乡。
- 埃塞俄比亚至少有 1 100 万人迫切需要粮食援助。

有地点、有数据，看得出问题很严重。这样的表达在一定程度上有用，但并没有打动大众。

生活中这种情况也很常见，你将道理说得很明白了，有理有据，但还是没办法影响对方、达成目标。假如你是一名销售人员，你尽职尽责地为顾客介绍了产品的亮点和性能，比如：“这款减肥茶的成分是 ×××，对人体无害。”你甚至想到要站在顾客的角度上思考问题，描述产品能给他们的生活带来的好处，比如：“用了这款产品，即便不节食不运动，你也能瘦下来！”但情况常常是，别人嗯嗯啊啊地点头听你说了一会儿，询问了一点儿信息，就丢下一句“我回头再看看”，然后扬长而去，再也没回来。

我一个朋友 Grace 以前是做用户研究的，她的工作职责是收集用户对产品的反馈，再报告给公司上级，让他们根据调研结果优化产品。她工作起来非常仔细，不但记下了用户评价产品的每一个字，甚至还制作了统计图。最后，她是这么汇报的：

> “65% 的用户觉得我们的产品口味太多了，在货架上找到自己想要的口味很困难。我们要简化产品线。”

公司的管理者听了之后纷纷觉得，只有新口味和新包装才能刺激用户。他们对 Grace 的报告表示知晓，然后不了了之。Grace 当时很受挫：“看，我人微言轻，怎么能影响得了这些老板呢？”

在大量的政客、财阀和企业家面前，得不到支持的赫本也许也这样想过。但不同的是，赫本并没有止步于此，这时候，一种更高级的沟通能力在她身上发挥了作用——感性地打动别人的能力。面对募捐难题，她没有讲道理，也没有列数据，相反，她为大家展示了一个画面。她是这么说的：

> “假设这样一个场景：你正坐在自己家的客厅。忽然，你听到街上传来非常恐怖的尖叫声，汽车猛烈的撞击声也随之传来。你的心脏像被什么东西重击了一下，你不由自主地从椅子上跳了起来。你立即跑到街上，看到一个孩子被车撞了，正倒在血泊中。这个时候，你会停下来去思考惨剧的责任应该归谁吗？是因为司机开车太快，还是因为孩子为了追逐自己的皮球突然冲上了马路？你当然会立即抱起孩子，将他送到医院。这是你应该做的，而且是你唯一可以做的事。”

赫本没有谈正义，也没有谈社会责任，只是带着人们重新体验当面对灾区孩子时，每个人心里都会经历的冲击。她没有采取冷冰冰的说服方式，而是去唤醒人们的感受，然后等待这份感受去驱动人们做出改变。为什么赫本仅靠这几句话就能打动别人？

美国当代著名诗人玛雅·安吉罗说过一句话，也许可以用来回答上面这个问题：“人们会忘记你说的话，人们会忘记你做的事，但是，人们永远不会忘记你给他们带来的感觉。”

这种打动别人的能力，是影响力的一种表现，而且不需要你有多么高超的口才或者多么丰富的情感——只要你能突破一种叫作“知识的诅咒”的思维局限。

什么是“知识的诅咒”呢？在详细讲解这个概念之前，我们来做个小试验。

首先，你需要邀请一位朋友或者你的伴侣跟你一起来玩这个游戏。现在，你告诉搭档：“我要拍打出《生日快乐》这首歌的旋律。”然后你一边哼唱，一边随着脑中的旋律，用手在桌子上击打出这首歌的节奏。这是第一轮试验，很简单。

然后，你再次随机敲打出一些节奏，让对方来猜这是什么歌。注意，你不能告诉他这首歌的名字，他只能凭借你敲的节奏来猜测。这时你会发现…… 他怎么会这么蠢，这都听不出来！

亲自试验一下，你就能发现两者的差别。当我们心里哼着一首歌时，我们觉得从节奏猜出这首歌的名字易如反掌。但是，当我们不知道这首歌是什么时，我们只能听到一个个离散的敲击声，像莫尔斯电码一样古怪，让人一头雾水。事实上，这个简单的游戏是美国斯坦福大学心理学系学生伊丽莎白·牛顿的研究课题。她凭借这项研究，拿到了心理学的博士学位。

在刚刚这个游戏中，敲桌子的人被称为“打拍子的人”，而听节奏猜歌名的人被称为“猜歌名的人”。这个游戏里所用的歌曲都是人们耳熟能详的著名曲目。在打拍子的人打完节奏之后，伊丽莎白没有立刻让猜歌名的人猜歌，而是让打拍子的人先估计对方猜对的概率。平均来看，打拍子的人预测的成功概率是50%。也就是说，打拍子的人以为自己每表演2首曲子，对方就能猜对1首；但实际上呢，他们在平均击打了40首歌后，猜的人才能成功猜中1首。

在这项实验中，每一个打拍子的人都非常惊讶——“猜歌名的人为什么费那么大力气还辨别不出曲目？这调子难道还不够明显吗？”当他们看到猜歌名的人把美国国歌猜成《小星星》时，脸上的表情简直就像写着：“你怎么会这么蠢呢？”

为什么打拍子的人会对猜歌名的人的表现预估得这么高呢？因为他们事先已经知道这首歌是什么，所以在打拍子时脑子里充满了这首歌的旋律，他们以为猜歌名的人也听到了他们脑子里的歌声。可实际情况是，猜歌名的人听到的只是一组莫名其妙的拍子而已。

你看，在这个场景中，打拍子的人具有的知识反而阻碍了他们理解猜歌名的人，也妨碍了他们给出更多有效的信息，降低了他们沟通的效果。换句话说，我们一旦掌握了某种知识，就无法想象没有掌握这种知识时的心智状态，这会导致我们没办法在对方没有这种知识储备的状态下和他沟通。这种情况就叫作“知识的诅咒”。

很多童话故事中的英雄都要寻找财宝——财宝是好东西，但是它往往被恶魔诅咒了，获得了财宝就需要承担财宝上的诅咒。而“知识的诅咒”也是这个道理——知识当然是好东西，但有了知识，诅咒就如影随形地附了上来，让我们很难觉察。

有了这个意识之后，你就会发现，生活中几乎时时刻刻都充满了知识的诅咒。

Andy 是一名志愿者。他查阅了无数资料，走访了很多战争国家，亲眼看到了瘦骨嶙峋、在疾病与贫困中挣扎的儿童，但他说出口的只是：“战争国家的儿童太可怜了！我太心痛了！帮帮他们吧！”这时的 Andy 就像打拍子的人，当他说出“战争国家的儿童太可怜了”这句话时，那些惨痛的场景就像歌声一样立即在他脑海里浮现，他的情感都被调动了起来，他以为其他人也听到了这里的“歌声”，看到了这些场景。但是很遗憾，对方只听到了他打的那个空洞的拍子：“战争国家的儿童太可怜了！”所以，对方的反应也只是：“嗯，我同意，那又怎么样呢？”当他了解了知识的诅咒，就会发觉这种反应对听拍子的人来说再正常不过了。

Grace 做用户研究，曾在超市蹲点好多天。她看到有的顾客拿起一瓶饮料，又换到另外一瓶，最后却购买了其他品牌的饮料。他们指着那一排饮料，抱怨商家的产品口味太多。但当Grace回到公司向主管们报告的时候，只是说“65%的顾客觉得我们的产品挑选起来很困难”，Grace在说这句话的时候，她的大脑里浮现的是超市的场景、那些用户纠结的表情和放弃时的样子。这时，Grace就是那个打拍子的人，她自己的焦虑和遗憾被调动起来了，但是她的主管可听不到她想要传达的旋律。

正是隐藏的“知识的诅咒”，使得对方很有可能忽略掉你说的话，因为他们没有感受到这种冲击。之所以有“知识的诅咒”，是因为你没有意识到，你经历过的许多事情，别人并没有经历过；你感受到的许多事情，别人并没有感受过。哪怕你确实讲清了道理，但还有许许多多打动你的细节，没有被呈现出来。

如果你不了解“知识的诅咒”，你就会因为他人的“不配合”给对方贴上标签：

> “那些不捐助的人实在太自私了！”
>
> “公司的高层根本听不进我的建议，他们太固执了！”

这些是不是跟猜歌名的人猜不出歌曲时，打拍子的人责怪对方“怎么这么蠢”很像呢？你以为你在唱一首歌，但其实你只是在打拍子：你打着古怪的拍子，还怪别人听不出来——这不就是典型的非合作思维吗？我们没有把合作当作起点，没有把对方当作自己已有的合作伙伴，而是全身心地沉浸在自己的认知中。

相对地，在合作思维中，我们时时都会持有这样的意识：

> “我知道很多被我当成理所当然的信息，对方并不知道。因此，为了更好地合作，我有责任从零开始，建立对方对这件事的理解。”

这种思维认知会帮助我们理解到一点：我们的合作伙伴不是全知全能的人物。不仅如此，他们有自己的成长经历和认知结构，我们所看到的、听到的，对我们来说，是可以轻易理解的，但对他们来说，很有可能是一片未知。因此，如果我们想打动他们，就要把对方尽可能地拉到我们的世界中来，把那些打动我们的细节尽可能逼真地展现给他们。

那么，如何才能更好地把对方拉进自己的世界，为他们展现所有细节呢？

试想一下，你刚看了一部精彩的电影，比如《泰坦尼克号》。你对朋友说，这部电影特别好看，在船头有一幕男女主角相拥的画面，是电影史上的经典镜头。还有这首歌的主题曲《我心永恒》也特别好听，获得了当年奥斯卡最佳音乐奖。你手舞足蹈地说了半天，朋友好像还是没表现出多大的兴趣。那么，怎样能更进一步破除“知识的诅咒”呢？

> “在夕阳下，男主角从背后抱着女主角，站在船头。女主角的头发和裙角随风飞舞。”

这样的表述似乎好一些。但要想让朋友像你一样，深切体会这部电影的妙处，最直接的方法就是：带她去看一遍电影。“展示，而非说服。”说这句话的人，就是大名鼎鼎的作家契诃夫。有这种意识的人，是更高效的沟通者，在工作和生活中更能影响别人。我常常看到两个同事在讨论工作，A 说：“我看了一篇文章，特别适合我们参考，它的结构是……”B 说：“这个结构我们也在用啊。”A 又说：“不一样啊。我们的结构是……”

他们争辩了 10 分钟，各自沉浸在自己的“知识的诅咒”里。我忍不住打断他们：“把那篇文章发出来，看完再讨论 。”

展示，而非说服。

回顾

我们反复强调，影响力是通过别人乐于接受的方式来达成自己的目标。你一定发现了，比起干巴巴地讲道理，这一章所讲的破除“知识的诅咒”、用更具体的动态模式进行沟通，更容易让他人乐于接受。

你有没有发现，在这一章里，我也是在不停地讲故事，而不是讲道理？希望我已经打动了你。

第 15 章

故事思维：用感官化的语言还原现实

想方设法调动听众的视觉、嗅觉、味觉、听觉和触觉，把对方拉进你的世界，让他感同身受。判断你的语言是否足够感官化的标准是：你的描述能否让对方在脑海中形成一个画面？

在上一章中，我们介绍了精准表达的一种高级方法，那就是破除“知识的诅咒”。怎么做到呢？在方法论的部分，我会介绍“打破‘知识的诅咒’，把对方拉进我们的世界”的两个层次，它们的核心只有一个——感官化。

所谓感官化，就是想方设法调动听众的视觉、嗅觉、味觉、听觉和触觉，让别人对你的体验感同身受，从而打动他们。

先来看感官化的第一层：语言层面的感官化。

还记得赫本那段号召大家关注慈善事业的发言吗？它充分调动了人们的各种感官。记得她怎么说的吗？

“假设这样一个场景：你正坐在自己家的客厅。”——这是视觉。

“忽然，你听到街上传来非常恐怖的尖叫声，汽车猛烈的撞击声也随之传来。”——这是听觉。

“你的心脏像被什么东西重击了一下，你不由自主地从椅子上跳了起来。”——这是触觉。

“你立即跑到街上，看到一个孩子被车撞了，正倒在血泊中。”——这又是视觉。

在她不长的发言中，她多次调动了人们的三种感官，使得这段发言描绘出能令人模拟体验的场景。有这个意识之后，你就可以在生活中不断提醒自己进行刻意练习了。

要注意的是，若要判断你的语言是否足够感官化，你可以用这条标准去衡量：你的描述能不能让人们在脑海中形成一个画面？

我们一起来体验一段好的感官化描述——

想象一个砧板，一颗在朝阳的窗户下被晒得暖暖的柠檬躺在砧板之上。你闻到了柠檬皮清爽的味道。想象有一把锋利的刀，你手起刀落，柠檬被切成了两半。看着这两半柠檬滚开，柠檬汁的水珠滴落到一起，汇成一小摊柠檬水。现在，你能闻到柠檬强烈的香味。你拿起其中一半，再切一刀下去，拿起其中一小块柠檬，放到嘴中，深深地咬下去，用嘴唇箍住柠檬，然后咧嘴做出一个大大的柠檬黄的微笑，让果汁任意流淌到你的下巴上。

吸一口柠檬汁。

怎么样？有没有觉得唾液腺在起作用？你的嘴里流出口水了吗？

即便你没有真的吃到一个柠檬，这段感官化的文字也已经让这个柠檬清晰地出现在你的脑子里，令你模拟了真实的体验。若是你被打动了，那么这种表达就发挥了它的影响力。激发顾客的感官化体验，一直是商业领域中被广泛使用的销售法则。只要留心，我们随手就可以找到这样的例子：

"我们的汽车噪声很小。"——这个表述是非感官化的。

"当我们的汽车以100码的速度行驶时，你依然能听到你手表的声音。"——这个表述是感官化的。

这两种说法在感染力上的区别，你感受到了吗？

再来看一个案例，一家全球500强企业如何打广告。

诺德斯特龙百货是美国一家高端百货连锁店，它的定位是高端购物场所，虽然其中的商品价格昂贵，但客户服务无比细致。

如果是你，你会如何为这家百货公司打广告呢？"我们是全球500强企业，服务质量有保障"，还是说，"我们有专业的服务人员，给你卓越的客户体验"？

美国管理学家吉姆·柯林斯和杰里·波勒斯合著的《基业长青》一书中，记录了诺德斯特龙公司对其服务的描述——他们把自己的服务人员称作"小诺"，他们说：

"小诺替一位顾客熨好了当天下午开会要穿的新衬衫。"

"小诺为冬天前来购物的顾客暖车。"

"小诺开心地为一位顾客包装从梅西百货买来的礼物。"

梅西百货是什么？它是诺德斯特龙的头号竞争者。如果你到诺德斯特龙来，工作人员会为你包装你在他们头号竞争者那里买的商品。这就像在说，你到某家品牌手机店去，那儿的工作人员愿意为你义务维修其他品牌的手机，而且还特别开心！

这些描述是不是很有画面感？你的脑海中是不是浮现出了面带微笑、为客户来回奔忙的小诺？影响别人的一个途径，就是激发听众的感觉，让他们看到、听到、闻到、摸到、尝到你的故事，这是将他们拉进你的世界，从而打动他们的最有效的说话方式之一。

以上是感官化的第一层次——语言层面的感官化，我们试图用语言为大家展示细节。接下来，我们进入感官化更具冲击性的层次——现实层次，即直接把对方带到现场去，让他进入真正的情境。

前段时间我看了米歇尔·奥巴马所著的《成为》这本书，其中，米歇尔·奥巴马生完孩子后复出求职的案例让我印象深刻，她几乎就是“带到现场”的最佳典范。

米歇尔·奥巴马最为人所知的身份是美国前总统奥巴马的妻子，但实际上，她的学历、才华、能力并不亚于奥巴马。她本科毕业于普林斯顿大学，并在哈佛大学拿到博士学位，2018 年被评选为“美国最受尊敬的女性”之一。她的自传《成为》在美国和加拿大发行后，一周内就成为畅销书。

这个产后回归职场的故事发生时，她和奥巴马刚刚迎来了他们的第二个女儿萨沙。生下萨沙后，米歇尔成了一位全职妈妈。为了照顾女儿，她每晚要起来好几次，结果导致严重睡眠不足，整日昏昏沉沉。虽然她努力试图让家里保持整洁，却节节败退——家里到处是孩子的玩具、书和一包包的婴儿湿巾。每次出门，她都要推着一个大手推车，背着一个并不时尚的尿布包，里面装满了东西——五谷麦圈、孩子常玩的玩具和替换的衣服，而且两个女儿要各备一份。

特别真实，对吧？每一个养育过孩子的妈妈都有这种经历。火上浇油的是，这时她的保姆格罗得到了一份薪水更高的工作，要离开她了。所以，米歇尔面对的是这样一种情况——小女儿还在吃母乳，3 岁的大女儿在上幼儿园，丈夫每天有满满的工作日程。她没有帮手，家里所有的事情都落在了她身上。恰恰在这个时候，她得到了一个非常难得的职业机会：芝加哥大学医学中心来了一位新院长，他准备扩大医学中心的社区服务范围，要招聘一位负责社区事务的执行董事。要知道，米歇尔在普林斯顿大学念的正是社会学，而且她有丰富的法律从业经验，这个工作简直就是为她量身定做的。最重要的是，她正渴望能在职场有所作为，她不想再像从前那样，为了平衡事业与家庭而选择兼职。她想有一份全职工作，领一份有竞争力的薪水，这样她才能更好地雇用帮手来分担家务，才能丢开抹布和洗衣液，在空闲时间和女儿尽情地玩耍。

她决定争取这个机会。

跟每一个重新回归职场的妈妈一样，米歇尔需要说服老板，打消对她这个二胎妈妈的疑虑。如果你是米歇尔，你在面试的时候会如何描述你的近况呢？你会隐瞒自己的二胎妈妈身份吗？当然不行，妈妈和高管的身份同等重要，我们不可能做到隐瞒其中一个而只顾另一个，这样只会让日后的工作和生活彻底失衡。你会解释吗？——“老板，虽然我现在家里有一个小婴儿和一个在上幼儿园的女儿，但我一定可以安排好时间，高质量地完成工作。请相信我！”每一个应聘者估计都会这么说，听着像是喊口号，其实挺无力的。那么，米歇尔如何才能向对方展示“我可以同时胜任母亲和高管的角色”呢？

“想要打动别人，最高层次的办法，就是把他带到现场去。”

于是，米歇尔·奥巴马直接抱着3个月大的女儿萨沙来到了面试现场。很多朋友会觉得诧异，这时候不应该稍加掩饰自己的妈妈身份，并且强化自己的职业形象，比如身着全套职业装、将手机静音等等？如果你这样想，那么恐怕是非合作思维在悄悄作祟：“把合作当作结果，我只有降低自己的成本，才能得到机会、达成合作。别人未婚未育，我就要比他们显得更有时间，否则肯定性价比不如别人高啊！”

但如果是合作思维呢？——“我是职场妈妈，我有我独特的价值。我们可以一起来探讨，怎么能跟你一起实现我们共同的目标。”于是就出现了很有趣的一幕：面试的时候，米歇尔一边晃着坐在腿上的萨沙、检查她的尿布有没有漏，一边逻辑清晰地回答院长的提问。她还条理清晰地向对方展现她的规划——如何提升会议效率；如何灵活地安排工作时间；如何安排在家工作……她用行为向对方展示了两点：

第一，我的女儿还小，需要母亲的照顾，这是我生活中的事实——一个无法忽视的事实。这就是我，我还要照顾我的孩子。

第二，但你看到了，这反而训练了我更高效、多线条处理工作的能力。即使孩子在现场，我也能出色地完成这场面试。在以后的日子里，我也肯定可以像现在这样，出色地完成我的工作。

当妈妈的人都知道，因为有了孩子，以前的很多拖延症不治而愈，因为没有时间可浪费，你必须多线条同时处理多个问题。这反而是做了母亲的女性的独特优势。但若不当场感受，没有这种经历的人是很难想象的。

最终，米歇尔得到了这个工作机会，米歇尔还原现场的表达能力功不可没。

回顾

在这两章里，我们提到了一个关键概念——“知识的诅咒”。这是我们常常忽略的阻碍沟通的一个关键点。

若要打动别人，若要被理解，你就要跳出“知识的诅咒”。你需要有这样一个意识：你经历的，别人没有经历过；你感受到的，别人没有感受过。因此，若你想打动别人，就要尽可能生动地还原现实，展示动人的细节，把对方拉到你的世界中。

若要把对方拉进你的世界，你就需要掌握感官化。我从两个层面告诉了大家如何做到感官化——语言层面和现实层面。

你一定注意到了，这一章的讲述方式跟其他章节略有不同，我用了很多笔墨来讲故事，铺陈细节、加入互动，这本身就是一个感官化的尝试。

如果你被其中某个细节所触动，那你一定要相信，只要你勤加练习，不断提醒自己，你也一定能够打动别人。

祝你拥有属于自己的影响力。

第 16 章

得体有效的拒绝，可以实现更高级的合作

若想用别人乐于接受的方式影响他们，首先你自己应该处于一个愉悦的、想主动达成目标的状态。不要一味委屈自己，学会说“不”，是发挥影响力的重要前提。

我们前面用了很多章节来讲要敢于提出自己的需求。高效得体地提出自己的需求能够帮我们在工作和生活中大大小小的事情上得到配合和支持。同时，因为关系是互动的，所以在获得配合的同时，我们也常常需要“回应”身边人提出的需求，比如亲友要你帮个忙，老板有更大更重的任务给你，朋友让你陪着做点什么事。

面对别人的种种需求，有些我们乐于满足，有些我们一抬手就做了，但有一些我们其实并不想做，或者是我们根本做不了。那么问题就来了：很多时候我们不敢拒绝，对很多人来说，说“不”是一件很为难的事情。

这正是本章的内容：如何拒绝他人。

《哈佛商业评论》里有这样一项研究数据：组织中 75%~90% 的助人行为是被动的。什么是被动呢？就是对方提出请求，我们因为不敢拒绝，勉强选择了答应。

拒绝不就是一个动作、一句话吗？有多难？事实是，你在网络上随便一搜，到处都有如何拒绝别人的课程、怎么说“不”的文章。拒绝别人，看来真的很难。

害怕拒绝在亚洲国家可能更明显，因为我们的文化传统要求我们尽量含蓄和礼貌，而拒绝别人会被理解为冷漠，会让自己不被他人喜欢和认可。同时，由于这种不提倡明确拒绝的文化，导致我们在人际关系中也会缺少边界感。

我曾经在日本记者伊藤诗织的新书发布会上跟她对谈。她在日本被新闻界的前辈性侵犯，司法维权之路走了整整4年8个月才迎来胜诉，为了还原事件本身，她写了《黑箱》一书。

她提到一个现象：在被性侵犯的过程中，她想要反抗，却发现自己没办法用日语表达愤怒，因为在日语中，即使拒绝也是彬彬有礼、带着敬语的，很容易让人误解说话者的态度。她只好换成英文，说出“fuck off”（滚蛋）这个词。她说，在日本语境下，甚至没有明确的同意和拒绝，日语中即便说的是“不”，大家也会理解为“是”。我回想了下，在中国好像也是这个感觉，你说“不，不吃了”，对方会以为你在客气；小朋友说“不”的时候，大人会觉得小孩子什么也不懂。从整个文化层面来看，拒绝都是一件很模糊的事情。

前几天，我的同事L要给重要客户提宣发方案，已经超过了约定时间，他还是没做出来。追究原因，他说那个方案很难写，需要静下心来、好好思考才能做出来。但是，这个过程中其他同事一会儿问他要销售数据，一会儿要请教选题，他的思路一直被打断。我问他：“你不可以拒绝他们吗？你可以跟对方说，我有一个紧急的方案要写，必须关掉微信。”他想了一会儿回复我：“我说不出口啊，人家也是真的需要我。”我又问他：“所以比起拒绝别人，你更想做一个好人，是吗？”L第一时间摇头，但是想了一会儿，他忽然脸红了。

这句话乍一听有点儿难听。著名心理学家阿德勒也提出过类似的理念。阿德勒有一个说法，他认为人的一切行为都出于某种目的。无法拒绝别人的一个深层原因是，你希望做一个好人，你不想显得冷漠，你希望别人认为你是个好人。出于这个目的，拒绝对你来说就是困难的。

当然，这没什么好指责的。如果你享受这个过程，一点儿问题都没有。想做一个好人是不应该被指责的。

但是，如果你像 L 一样，即使对方请求你做的事会影响到你的工作，你也无法拒绝，那么哪怕你满足了自己做好人的心愿，结果也不尽如人意：被主管指责，自己还要熬通宵赶方案，身心都很痛苦，赶出的方案也很粗糙，导致同事质疑你的工作能力。那么这个时候，拒绝这个行为，就要拿到桌面上认认真真讨论了。

同样的情况也发生在家庭里。我有很多身为人母的读者朋友，她们常受困于一点："丧偶式育儿"。丈夫在家庭关系中参与得很少，我通过观察她们的行为发现，她们常常一边满心委屈，抱怨丈夫懒惰、什么也不做，一边又忙于家务。我有时候会问："那你可以不做家务吗？每周抽一天，你离开家，让丈夫完全跟孩子相处，这就是从行为上拒绝了'丧偶式育儿'啊。"一听这个"说法"，很多人连连摇头。有人会说，她丈夫真的是什么都做不好；有人会说："我要是真不管了，我们家就散了。"

不管是"不想显得冷漠"，还是觉得"我不做就不行"，这背后都有一种心理，就是你觉得自己必须多做一点儿，如果自己不做、拒绝，就无法体现自我价值，你和对方之间的关系也许就会崩掉——这些念头让我们充满恐惧，止步不前。

看到了吗？非合作思维又出现了——把合作当结果。如果你拒绝对方，你们的关系和合作就会崩塌——影响力的底层逻辑在很多时候都很有效。但是，如果我告诉你，米歇尔·奥巴马通过拒绝和不配合丈夫，收获了更和谐的夫妻关系，你会不会感到很惊讶？

我们知道，在奥巴马竞选总统期间，米歇尔四处演讲为丈夫拉选票，全力支持丈夫的工作。其实有一段时间，米歇尔对奥巴马的工作状态很不满，因为在奥巴马做了州参议员后，他的繁忙程度已经让米歇尔无法忍受。米歇尔在她的自传里这样写道：

> 奥巴马一贯不守时。他打电话来报告说他做完工作终于可以回家时，我能听出他的兴奋，我理解他完全是出于好意说“我在路上了”或者“快到家了”。有段时间，我把这些话当真了，我给女儿们洗澡，推迟她们上床睡觉的时间，等着爸爸回来给她们一个拥抱；或者我让孩子们吃完晚饭，哄她们睡觉，而我先不吃，点上几根蜡烛，期待着等他回来一起吃。

但是，结果经常是这样的：女儿们等爸爸等得眼皮都开始打架了。没办法，米歇尔只能先让孩子上床睡觉。饿着肚子的米歇尔眼看着点燃的蜡烛在桌上滴成一摊，丈夫却还是没有回家，于是她只好生着闷气去睡觉。她发现“我在路上了”不过是丈夫一贯的乐观主义表达，只是表示他着急回家，但并不能表示他真正到家的时间。“快到家了”不是一个地理定位，而是一种心态。有时他在路上了，但是需要停下来和某个同事谈15分钟的话，然后才上车往回赶；有时他快到家了，但是忘了提一句，他需要先去健身房快速地锻炼一下。

这导致他们的夫妻关系陷入危机。

听着有点儿耳熟对不对？这种情况其实也发生在我们每个人的生活中。在我们有孩子之前，这些可能都是小事；但是有了孩子后，需要安排的事情开始变多。特别是如果像米歇尔一样做全职妈妈，伴侣有一半时间不在家，自己还要天不亮就起床，不管谁都会觉得自己的耐心在慢慢消失，怨气积压到某个临界点，或许就会“爆炸”。

奥巴马夫妇也是一样。米歇尔说：“当奥巴马回到家后，我要么冲他发脾气，要么他见不到我——因为我已经关掉家里的每一盏灯，闷闷不乐地睡觉去了。在家里，我们开始频繁且激烈地争吵。我们深爱彼此，但是在我们的关系中，好像突然出现了一个解不开的结。我当时38岁了，看到了其他人婚姻解体的状况，这让我想要捍卫我们的婚姻。我的好友经历了让人崩溃的分手，起因都是些小问题，由于没有重视和缺乏沟通，最终形成了两人无法修补的裂痕。”米歇尔心里充满了委屈，她开始意识到这些问题。

很多朋友会觉得：“这很难啊，奥巴马那么忙，能有什么办法呢？我也处于这种‘丧偶式育儿’模式之中，我的丈夫经常不在家，能怎么办呢？只能‘要么忍，要么滚’——要么我压抑自己的需求满足你；要么就是你克服困难满足我；如果满足不了，咱们就一拍两散。”

这是在非合作思维下的思维认知：你不敢拒绝别人，认为合作就是不停满足别人的要求，否则合作关系就会断裂。这不是合作，因为合作的前提是，我们要共同完成一件事情。不是“你”，不是“我”，而是“我们”。这里的双方，少任何一方也不行。

我们之前一直在讲，要倾听别人、要共情别人，但现在我想请你把目光收回到自己身上。因为你也是合作关系中的1/2，如果连你自己都没有动力、没有快乐，你怎么可能有能量去倾听别人，与他人进行好的合作呢？

那么，米歇尔后来是怎样做的呢？

在参加了心理咨询后，米歇尔意识到，她首先要做的是让自己开心，而且她有办法让自己更开心。她发现，当她处于委屈的状态时，她的表现是，“一直在给自己最消极的部分火上浇油，觉得一切都不公平，然后像一个哈佛大学培养的律师一样，千方百计地搜寻证据来支持这一假想”。她渐渐意识到：

> “也许我可以比以往做更多事情，让自己开心起来。我总是责怪我的丈夫把健身这一项加进他的日程表里，却没想过我自己的健身计划。我耗费了太多精力为他能否赶回家吃晚饭而烦恼，结果不管他在与不在，吃饭本身已经不再有趣。”

在回家吃饭这个难题上，米歇尔制定了更适合她和女儿们的新规矩——她们定下时间表，然后严格遵守。她们每天的晚饭时间是下午 6 点 30 分，洗澡在 7 点，接着是读书、拥抱，之后在 8 点熄灯睡觉。这个作息表是雷打不动的。这么一来，和女儿们亲密接触的责任就放在了奥巴马身上，他要么赶得上，要么赶不上——“如果爸爸想见到女儿，那就要早点儿回家”。

米歇尔在书里写道：“对我来说，这比推迟晚饭时间或者让女儿们一边打瞌睡一边等着和爸爸拥抱要合情合理得多。这回到了我对她们的期望上——我希望她们长大后内心强大、关注自己的需求、不容忍任何形式的男权政治。我不想让她们认为生活就是要等男人回到家才开始的。我要让女儿们知道，我们不等爸爸，而是他需要赶上我们的时间。”

当我看到这段描述的时候，我被米歇尔散发出来的魅力给触动了——这是一种独立且从容的魅力，也是我认同的女性影响力。我们不需要揭竿而起，也不需要对抗争吵，我们只需要看到最本质的问题——我们在共同维护这个家，所以我不会一味妥协，我也要有自己的生活节奏。这才是维护这个家更好的方式。

先有这样的意识，然后做出相应的举动，哪怕这个举动是拒绝。

米歇尔说：“没想到我做的这些调整帮助了我，也帮助了我们一家人。”米歇尔开始有一种愉悦且轻松的坚定，而非抱怨式的、让人有压力的——我们有时候意识不到，其实那种悲愤的压力有时反而会推开对方。

奥巴马感觉到了这些变化，结果呢？拼命准时赶回家变成了他每天的目标。有时，拒绝是为了更好地合作。

影响力，是用别人乐于接受的方式改变别人的行为。若想用别人乐于接受的方式影响他们，首先你自己要处于一个愉悦的、想主动达成目标的状态。不要一味委屈自己、学会说“不”，是发挥影响力的一个重要前提。

这个前提的背后就是合作思维，即合作是一切的起点。在合作关系里，双方都要找到自己的支点，照顾到自己的需求。

在本书里，我用了很多名人案例，也许你会觉得他们都高高在上，跟我们的实际生活距离太远了。但恰恰是这样，我才要用名人案例，我要大家跟我一起正视一个问题：我们认为的名人，也都是从无数个“坑”里爬起来的，没有谁天生就是影响力“爆棚”的人。或许是因为偶然的机会，他们获得了某些灵感，想通了一些问题，在那些时刻，他们便拥有了影响力。

但是，靠偶然活着的人生太不可控了，所以我们需要分析提取底层的方法论，把偶然变成必然。

我在工作中常常要接收来自公司内每个部门和公司外很多合作方的需求，拒绝是我的一个日常课题。他们都希望能得到来自老板的支持，但如果我满足他们的每一个需求，显然是不可能顾得过来的。而且，当我在极大的压力下时，不仅休息不好，也会做出很多错误的决策，这对工作更不利。所以我经常说的一句话是“这个需求我不能满足你”，然后我会给他一些建议，比如找谁更合适，或者怎么优化现在的工作。

拒绝别人，对我来说是一件坦然的事。因为我知道，我这样做是为了更好的合作，拒绝是一件自然而然、可以谈论的事情。这种姿态，也会影响到坐在我对面的人——我会跟他很坦然地解释，我们既然是合作关系，那不管是拒绝还是答应，都是为了实现我们的目标。

人与人之间的关系，就这样流动起来了。

回顾

我们之所以不敢拒绝，是因为被非合作思维控制了——首先是心理层面上不敢，觉得如果拒绝对方就完了，我们的关系就崩了。如果拥有合作思维，我们就会意识到，我们不会为了拒绝而拒绝，拒绝其实是为了更好的合作。

第 17 章

利用“黑色想象”，巧妙拒绝：“接一半，扔一半”

我们对拒绝往往有一种“黑色想象”，以为拒绝对方，两人的关系就完了。实际上，你可以有条件地接受对方的需求，拒绝需要拒绝的部分，开拓更多的可能性。

我们之所以不敢拒绝，往往是因为在非合作思维下，我们在心理层面对拒绝有一种“黑色想象”，觉得如果拒绝对方，关系就完了、就崩了。但转化到合作思维后，这种黑色想象就会被消解，因为你知道你所想象的不是真的，那只是你的念头，不是事实。

但也有些朋友会觉得：“那是因为你们的内心都比较强大，我虽然知道要有合作思维、要照顾到自己的需求才能更好地合作，但对方一坐到我面前，我就会习惯性说‘是的是的’‘好的好的’。我觉得我要是说了‘不’，很多事情都会搞不定了。我满脑子都是黑色想象。”

那干脆就让我们利用这种黑色想象，来实现更好的拒绝。

怎么利用呢？我们先来想象一下，如果不拒绝他的要求会怎么样，想得越仔细越好。

举个例子：我经常会面对一些活动邀请，拒绝就是一个躲不开的选项。我曾接到过一个讲课邀请，演讲地点在一个著名的度假村，邀请者是我的一位前辈。当时我的确很为难，一方面我跟她关系不错，觉得如果拒绝了对方，会让人觉得我不给面子，不好相处。你看，我们不敢拒绝别人，很多时候是有目的性的，是希望别人认为自己是个好人。另一方面，我也觉得大家都在创业，还是应该尽量互相帮助。

我回复对方说，“我要安排一下”，其实是因为我没法开口说“不”。但活动那几天的前后，我都排满了出差日程，调整时间很困难。为了决定是否答应这次邀约，我用了黑色想象的办法：如果我答应了，就意味着我要在前一天活动结束时，马上搭3个小时的车赶到度假村，而且需要在深夜开车上高速，这样不仅不安全，而且到了讲课地点已经是凌晨。第二天一早讲课，我的精神状态肯定会很差，势必影响讲课效果。

同时，那段时间我要集中精力交付一个课程，连续出差会打乱交付节奏，因为课程更新时间已经对外公布，不能延迟。这就意味着我要用额外熬夜的时间去完成课程——这是最难承受的。我需要保持足够的精力，才能应对公司的多项决策和白天超大的工作量。

这么一想，拒绝的勇气自然而然地生长出来。我跟前辈说了“不”，也解释了原因，同时提出了下次合作的可能。整个过程一气呵成，不卑不亢，对方也表示理解。没想到，黑色想象带来的恐惧，竟然变成了我的勇气。

其实，仔细观察你就会发现，我们天生就有通过说“不”来保护自己的能力：我们会自动躲开危险的事物、拒绝腐坏的食物，因为我们知道这些东西有害。身边的小孩子轻易就可以把“不”说出口——“我不吃胡萝卜！我不想让你玩我的玩具！”

所以，不要轻易觉得自己就是一个老好人，就是懦弱，没办法拒绝别人。说“不”是我们与生俱来的本领，别因为陷入做一个“烂好人”的执念，忘记了自己天生的能力。

美国著名的脱口秀主持人奥普拉·温弗瑞也曾是一个“老好人”，她在《我坚信》中，讲述了自己的经历。因为她在美国很有影响力，所以很多人找她帮忙，请她支持慈善工作。大家都把她看作慷慨大方、善解人意的人。而她通常都会答应，因为她担心别人觉得她不做公益，就不是一个“好人”。但是在写了一张又一张人情支票后，她越来越疲惫不堪，她不知道自己真正想要给予别人的是什么，好像她是在被逼迫之下做了这些事，并非自愿。

结果，她被这种讨好型人格所吞噬，常常连她自己还没反应过来，“好”这个字就已经脱口而出了。为了努力满足别人的需求，为了让自己看上去温和友善，奥普拉把自己累得半死。

有一次，奥普拉接到一位名人的电话，他希望奥普拉能为他的慈善组织捐款，并且他提出的善款数额巨大。奥普拉这一次没有马上答应，而是说自己得考虑一下。

之后，她问了自己几个问题：“第一，我为什么会去捐钱？只因为我不想让这个人觉得我小气。你看，不敢拒绝是有目的性的。看到这个目的，你就会意识到，这个目的可能是片面的。第二，这是不是我真正相信的一个慈善活动？不。所以，如果我为了让自己成为一个‘好人’，有可能会捐出一笔钱，给到并不可靠的慈善机构，这不仅会让我损失金钱，而且会伤害公众对慈善的信任感。”

想到这里，她坚定地拒绝了。

那之后她写下一段话，并把这段话放在自己的桌子上：“我以后再也不会为别人做任何事，除非我打心底里愿意这么做。我再也不会去参加会议、打电话、写一封信、赞助或参加任何活动，除非我的内心在大喊着‘好’！我将按照‘做真实的自己’这个意愿来行动。”

想清楚不拒绝的真实目的，之后借助黑色想象的背面，就能让拒绝变成一件不那么困难的事。

我那位很厉害的心理咨询师朋友W也常用黑色想象的背面帮助来访者解决问题。有一次，一位来访者说，她不喜欢现在的工作，因为她做的是程序化的事，唯一的好处是待遇还不错。与此同时，有一份让她很动心的工作，但是在一家创业公司，薪水不高，前途未卜。这让她和家人都很纠结要不要换工作：如果给的工资一样，她肯定会立刻换，但现在薪酬条件上并不符合她的预期。她很为难，希望得到一些指点。

这是很典型的职场决策问题。你心有所向，但是现实让你很难选择。

W听出了来访者的态度，便对她说：“就算我建议你换工作，你也不会听吧。”她自嘲，说自己被钱捆绑住了。W说：“钱是很重要。你算一下两份工作的年薪，大概相差多少？”来访者说，之后的职业发展前景不确定，如果只以第一年来说，相差大概有5万元。

于是，W给出了这样的建议：“那我建议你不要换工作了。但是你要写一句话，让自己记住，最好贴在墙上或者你可以经常看见的地方，这样你以后怀疑自己的选择时，可以随时抬头看到。”

她问是什么话。

“你就写——‘我用现在的人生，多换了 5 万元。我觉得值！’”

过了几个月，她告诉 W，她换工作了。

本来很难做的决定，在写出那句话之后却变得很轻松。因为她发现：要用 5 万元换掉自己的人生，对自己来说并不“划算”。因为有了 5 万元的收入差距，她开始认真想象这 5 万元换掉的是什么——是在创业公司充满挑战的工作。在那些挑战下，每天她都会过得很充实，她会有跟现在完全不一样的成长机会。不断想象失去这些，再回头看现在的生活，她忽然就轻松了：“不就是 5 万元的事嘛。一年多 5 万少 5 万，有什么大不了的！”

领悟到这一点，她立刻就获得了更大的自由。面对朋友的请求和老板安排的新任务，我们也可以通过黑色想象——“如果不拒绝，会发生什么”，知道另一种可能，知道什么时候我们会做出不一样的选择——就是当它的价值高于 5 万元的时候。

获得拒绝的勇气，并不意味着我们只要大大咧咧地扔出一个“不”字就行了，如何表达拒绝也很重要。人际关系的一个准则是，如果你希望别人怎么对待你，你就应该怎么对待别人。当你向别人求助的时候，有时你不会希望得到一个干脆利落的“不”，你希望得到的是支持。支持有很多类型，得体的拒绝也能给到支持。

我常用的拒绝方法是，“接一半，扔一半”。它分为两种，一种是只接受一部分。比如，同事找你周末加班一起做方案，你可以说：“不好意思，我周末有事，拿不出那么多时间，但是我可以把其中我负责的那部分数据做好给你。”这样，你只接住了他的部分需求，而且没有和自己的行程发生冲突。

另一种是有条件地接受：在某些特定条件下，我可以接受你的需求。比如，年初，产品部主管向我提出要继续出一门音频课程。她提了一个我非常感兴趣的选题：影响力。但是因为要管理公司、开拓新业务，所以我没有那么多时间。在黑色想象之后，我意识到，如果一口答应下来，不仅会打乱整个工作节奏，而且很有可能因为我的时间拖累这个项目组。所以，经过权衡之后，我很坚定地拒绝了原有的合作方式，同时提出了一个要求——我可以做新课，但是我有两个条件：

1. 要做充分的宣发方案，把这门课做到我满意的销量；

2. 帮我组建一个小团队，来协助我完成调研、控制项目节奏等事情，节省我的时间。

于是，就有了这本书。

有条件地接受，其实是为了保证自己的能动性：加入了我自己的意愿，我就会更主动、更愿意去做。这也是合作思维的体现。这样的互动不仅高效坦诚，而且你想象中的“一切会崩塌”也不会发生，反倒有可能让你们共同开拓出更多的可能性。

得体高效的沟通，其背后的心法仍是合作思维。因为你相信我们是合作关系，你相信我们有共同的目标，所以“拒绝别人”的你就会放松下来。只要你放松了，对方也会跟着放松。这是合作关系中最奇妙的地方——你们因为彼此，发展出了更好的自己。

最后讲个关于美国总统林肯“拒绝”的故事。林肯口才很好，也很幽默。有一次，一位女士要求林肯总统把她的儿子提到上校的职位，她理直气壮地说：“因为我的祖父参加过列克星敦和康科德战役（美国独立战争第一战），我的叔父是布拉敦斯堡战役中唯一没有逃跑的人，我的父亲还参加过纳奥林斯战役，我丈夫是在曼特莱战死的……所以……”听上去林肯简直没办法拒绝她的要求——要是拒绝了这样的家族，良心何安？

那么，林肯是怎么做的呢？他耐心听这位女士讲完一切，然后对她说：“夫人，你们一家三代为国服务，对于国家的贡献实在太多了，我深表敬意！现在，您看能不能给别人一个报效国家的机会呢？”

你看，拒绝别人也可以如此幽默。幽默是最高的智慧。幽默的前提，便是你有足够的安全感。

很多朋友可能觉得我是一个非常善于处理“拒绝”问题的人，其实不然，几年前我还是一个很难开口拒绝别人的人。我之前经常遇到的情况是：晚上和合作方吃饭，并且答应了儿子晚上 8 点要回家。可是已经 9 点了，大家还在聊。在这种情况下，我会不停地看手表。对方会问：“你有事吗？有事你可以先回去啊。”我想都没想就摇头：“没有没有。”

后来我不断感悟到，人生的很多烦恼都在于“yes”说得太快，而“no”说得太慢。合作思维给了我很大的支持，现在我会很轻松地说：

“时间差不多啦，那咱们今天就先到这里吧。”其实，拒绝只需简简单单的一句话而已，但这背后，我却辛苦地走了很多年。这些走过的路，正是我认为的“成长”。

回顾

这一章讲的是与合作式拒绝相关的理论和方法。其中，我讲到了无法拒绝的原因：在非合作思维下，我们认为只有答应别人的一切需求，才能维持合作关系。而合作思维告诉我们，拒绝有可能带来更好的合作。

在方法论部分，我们分享了黑色想象的背面。想象一下不拒绝会给你带来的威胁，可以帮助你更高效地做出拒绝这个决定；同时，在表达时，你可以接一个需求再放一个需求，给到对方足够的支持。

做到这些，你就已经足够放松了。人在放松的时候，灵感便会不断出现。同时，你也可以用幽默的方式拒绝别人。

希望你今天因为拒绝，收获到更好的关系。

第 18 章

逆向影响力：冲突不是合作的终点

有影响力的人，在面对难以解决的冲突时会挺身而出，因为他们深知：冲突本身就是合作的一部分，拒绝冲突就是拒绝合作。

从这一章开始，我们进入影响力的最后一个话题：面对冲突。

冲突在人际沟通中并不是高频发生的，但它在人际沟通中承担着具有转折作用的重要角色。

我有一位前辈前几天匆匆忙忙约我见面。她在职场上干脆利落，事业成功，一般都是别人请她帮忙。我还疑惑呢，这么着急找我是为什么。见面一问，原来是为她的家人。她丈夫和女儿之间的关系一直都不是很好，最近两人已经到了一句话都不说的地步。其实两个人心里对彼此都有很多情绪，但是他们都憋着，谁也不说。用这位前辈的话说："这两个人都特别害怕冲突。"

冲突是人际关系中相对复杂的情况。没有人喜欢发生冲突，因为我们担心冲突过程中的失控，害怕面对冲突的结果。我们秉持着"惹不起我就躲"的态度，极力压抑自己，逃避问题。但逃避并不会让冲突消失。不管是逃避还是争吵，都不是应对冲突最好的方式。

你有没有发现？那些擅长应对冲突的人，通常都拥有较大的影响力。《关键对话》这本书里讲过一个与影响力和冲突紧密相关的故事。作者科里·帕特森和他的团队花了 25 年时间，调查了 2 万多名企业员工和管理者，请他们说出企业中最有影响力、在处理问题方面最能干的同事。他们要寻找的目标是比常人更有影响力的意见领袖，所以那些名字被提到一两次或者五六次的人虽然也拥有影响力，但并不能成为研究对象。因为影响力是一个状态，而不是偶然几次的行为。

研究小组从统计中发现，有一小部分人的名字被提到30多次，于是开始对他们进行深入研究。你可能以为这些人大部分是管理者，或者是那些有权力地位的人。出乎意料的是，他们中的多数人只是普通员工。也就是说，被人认为最有影响力的人，有可能就是我们身边的某一个普通同事。

研究者分析了这些人的共性，得出一个结论：他们有影响力的地方在于，他们总能在难以解决的冲突面前表现得更好。凯文就是其中一个，他的言行被当成典型详细记录了下来。

一开始，凯文并没有什么特别的表现，他也像其他同事一样接电话、和下属谈工作，每天都重复同样的工作。在跟踪了凯文差不多一周之后，研究人员甚至开始怀疑人们对凯文的推崇，因为他们感觉不到凯文的与众不同。就在这时，凯文在一次公司会议上的表现引起了研究人员的关注。在那次会议上，凯文和同事还有公司老板一起讨论选择新办公室搬迁地点的问题：应该在另一个城市、另一个州，还是另一个国家建立新办公室？这是一个非常重要的决定，涉及公司的方方面面，任何细节都马虎不得，任何结论都必须反复推敲。

这时，公司CEO克里斯提出了自己的看法，但他的想法听上去不仅不受大家认可，而且很可能给公司带来巨大的麻烦——他的建议牵扯到公司上下游的合作方、大量员工的搬迁等问题。在场的人第一反应都是试着提出反对意见，但克里斯对这些否定意见表现得有些反感。书里这样描写克里斯的动作和神情，以及大家的反应：

> “他（克里斯）扬扬眉毛，然后举起了手指，最后甚至提高了语调。虽然只是升高了一点点语调，但是大家很快就意识到问题了，没人再表示质疑，于是克里斯的方案静悄悄地得到了一致通过。”

这种场景是不是特别常见？在职场上，权威一旦提高声调，很多人就咽下了自己本想要发出的声音。由于害怕发生冲突，干脆息事宁人。

就在这个时候，凯文说话了。他说得很简单：“克里斯，我能和你讨论一个问题吗？”这一句简单的话，却把会议室的人吓了一跳，大家连大气都不敢出。可凯文并不在乎同事们的反应，继续表达自己的看法。接下来的几分钟，他指出克里斯的做法违反了公司制定的决策流程，他在利用权力，企图让新的办公室建在自己的家乡。在讲述这些内容时，凯文的语气很平淡，就像是在讨论中午去哪里吃饭一样。

凯文说完之后，克里斯沉默了一会儿。就是这么几分钟，也可能只有几十秒，很多在场同事紧张到冒汗，他们想象着一场一触即发的战争。

没想到克里斯点点头说：“你说的没错，我刚才的想法确实不妥，我是在向你们强加自己的观点。好吧，让我们重新讨论这个问题。”

在面对冲突的关键时刻，凯文没有回避和沉默，而是坦诚、不带攻击性地向老板表达了自己的意见。会议的最终结果是，大家选择出了一个理想的方案，而老板克里斯对凯文的直言不讳也表示了由衷的赞赏。

这个故事让我听得很过瘾——如此剑拔弩张的情境，竟然都能被凯文化解，他太厉害了！

现在假设我们有一个回放键，把你置身于那个关键时刻。老板克里斯面对质疑开始防御了：他提高了音量，绷紧了面部线条，开始扫视每个人的脸。虽然你知道后面的剧情，只要像凯文一样表达出自己的观点，老板的态度就会被扭转。那么，你会做出和凯文一样的举动吗？

我拿这个假想的题目问了好几个朋友，他们犹豫了一会儿，纷纷表示：哪怕预知了结局，但在应对关键冲突的那一瞬间，大多数人还是无法像凯文这样做。有人说，在那种紧张的氛围下，他的大脑会一片空白，根本没办法思考；等自己缓过来，最佳的沟通时机有可能早就过去了。他常常感到后悔，后悔自己当时没有勇气，自己当时应该这么说那么说。

《关键冲突》一书中指出，冲突刚开始的半分钟为“关键 30 秒”，整个冲突过程的气氛和最终结果通常都是在这个时间段内确定的。多数时候，我们在这 30 秒里就像是中了《哈利·波特》里的定身咒，动弹不得，不受自己控制。这到底是怎么回事？

这个现象在《思考，快与慢》这本书里有很详细的解释，这本书的作者是著名心理学家丹尼尔·卡尼曼。卡尼曼认为，我们大脑中有两个系统：“系统 1”和“系统 2”。“系统 1”的运行是快速的、无意识的、自发的；而“系统 2”需要我们刻意投注注意力，它进行的是理性的思考和决策。粗略地说，“系统 1”是直觉反应，“系统 2”是理性思考。

第 7 章里我写过“杏仁核绑架”，其中一个应对方法就是从杏仁核频道切换到前额叶频道，而杏仁核就是“系统 1”的一部分。在我们被激烈批评的时候，杏仁核发出的战斗或逃跑的信号，就是快速的、无意识的、自发的，而我们需要切换到的前额叶频道属于“系统 2”。前额叶就是负责理性思考的大脑区域。在我们现在讲的冲突环境中，起作用的是“系统 1”中负责紧张和恐惧的那部分大脑区域。

设想一下你刚考完驾照，第一次上路，正好在城市中心的十字路口等待红灯过去。可就在绿灯亮起的一刹那，你发觉车子熄火了。后面的第 2 辆车、第 3 辆车，甚至第 8 辆车都按起了喇叭，交通警察的眼神开始向你投注过来。这个时候，你会怎么反应呢？在那 5 秒中，你多半大脑一片空白，不知所措。即使有所行动，你也是颠三倒四地疯狂操作一番档位、启动键、手刹，最后还要庆幸没把油门和刹车都踩错。

如果让你把当时的这段反应录下来，然后回看，你可能会拒绝承认里面的人是自己：“不不，这不是我！我怎么可能那么蠢！这不是 2 秒钟就能搞定的事吗？我当时在干什么啊？”

从某种意义上来说，发表评论的你和当时坐在车上的你并不是同一个“你”：发表评论的你是那个能理性分析、冷静思考、稳健行动的“系统 2”，而当时车上坐的你是那个快速无意识自发反应、被焦虑和恐惧捆住手脚的“系统 1”。

这就是我们的生理和心理常态——紧张的时候“系统 1”就会被激

发，无论是坐在驾驶座上，还是坐在凯文所在的会议室里。

既然面对冲突的时候，我们会因为进入“系统1”而错过那关键30秒，而且“系统1”又不受我们控制，那么我们能干些什么呢？那些冷静应对冲突的人，比如说凯文，又是怎么做到克服“系统1”的呢？

在回答这个问题之前，我要问的是，如果你是一位有十几年驾龄的出租车司机，当你遇到我前面讲的那个熄火状况，你还会那么反应吗？

我记得自己很小时坐电车的场景。那时的电车还是有两个“辫子”的电车，“辫子”连着两根输电线，有的时候“辫子”会从电线上脱开，司机就需要下车到车尾拽一下后面的缆绳，把“辫子”对准电线并放回原位。有一次，我坐电车，突然电车的“辫子”掉下来了，导致公交车在上班高峰段的十字路口熄火停住了。后面的车喇叭声已经响了起来。那个时刻，我作为一个乘客都进入“系统1”了，但电车司机是怎么表现的呢？只见司机大伯开门、下车、跑到车后、拽绳、复位、上车、关门、启动、挂挡、踩油门、打方向盘——整套操作行云流水，不仅在10秒内全部做完，而且司机大伯神态自如。我现在回想起来，仍历历在目。赞叹之余，我不禁思考，他是怎么做到的？他是怎么摆脱“系统1”的定身咒的呢？

有人说，因为他遇到的电线脱轨次数太多了，熟练了。当然这是一个原因，但是我们也遇到过很多发生冲突的场景，为什么经验没有帮助我们呢？

在能够熟练操作之前，一定是某种刻意训练让这位司机大伯能够开始应对自己的“系统1”，这种训练应该是他的师傅曾经教他的口诀（我们知道每个公交车司机都有位师傅）。碰到电轨脱落，记住口诀：一是什么，二是什么，三是什么。有了这个口诀，然后是模拟训练、实战训练，再然后才是逐渐熟练。“系统1”占领大脑的时间在熟练的过程中会慢慢缩短。

这个口诀成了一切的开始，那么这个神奇的口诀本质上是什么呢？就是冷静的理性思维——属于“系统2”的理性思维，需要刻意练习的理性思维。

这种理性思维在公交车司机那里可能是个口诀，在我们应对冲突的时候又是什么呢？当然是合作思维。让我们再次把自己投入凯文的角色。当老板提高音量，询问是否有人反对，并且会议室安静得就像有一块巨石压下来的时候，“系统1”已固定住了你。在恐惧和焦虑之下，你的脑海里有一段发给自己的信息：“别说话！乱说话你就死定了！”你认为冲突是合作的坟墓。这句话和“系统1”同频共振，把你死死箍在了座位上。

可是，冲突真的是合作的坟墓吗？

有些管理书会警告管理者：企业高管应当尽量避免互相冲突，尤其不要在员工面前公开冲突，因为这会极大地打击士气。但是，《奈飞文化手册》里却讲了一个与这个原则完全相反的故事。这个故事的主角是奈飞公司的CEO里德·哈斯廷斯和前高管威勒瑞。当时，他们在一场大约有35人出席的会议上起了争执，哈斯廷斯支持其中一个方案，而威勒瑞觉得另一个方案更好。他们俩在一大堆人面前开展了一场激烈的争论。后来，哈斯廷斯同意威勒瑞和他的团队通过模拟测验来判断到底哪一种方案更好。最终的数据显示威勒瑞是对的，于是哈斯廷斯公开宣布说："我之前并不认同威勒瑞的观点，但他是对的，干得不错！"

冲突帮助他们做出了更好的决策，而且没有破坏他们二人的关系。哈斯廷斯事后可以坦坦荡荡地说："他是对的，干得不错！"而威勒瑞也对哈斯廷斯的大度赞不绝口。

美国顶级 CEO 培训教练迈克·米亚特在谈到冲突和领导力时说，冲突和领导力是相伴而行的。我们也可以说，冲突和合作是相伴而行的。在英文中，这个表述是："Cooperation and conflict go hand-in-hand." 直译过来就是："合作和冲突手牵手。"

我很喜欢这种形象化的感觉——合作和冲突就像朋友一样，手牵手带领我们一起往前走。冲突不是合作的终点，冲突本身就是合作的一部分。我们甚至可以这样说：拒绝冲突，就是拒绝合作。

既然工作就是合作，那么处理冲突就是我们的日常工作。

在应对冲突时，"这是我的工作"这七个字是一个帮助我们唤醒"系统 2"的不二法宝。这七个字当然不能马上让你摆脱"系统 1"，因为"系统 1"是生理常态。可是当冲突来的时候，当你被"系统 1"绑住的时候，请使用这个口诀，它会让你的"系统 2"快速启动："这是我的工作，所以我要这么说、这么做。我试试看。"当我们想到这是工作的时候，你不会跑、不会逃，你的那个理性冷静的"系统 2"会被激活并开始运作。你的“系统 2”其实知道该怎么做，你缺的只是一个让它启动的动作。“这是我的工作”就是这个启动按钮。

这七个字也是解除“系统 1”定身咒的口诀。一开始，它可能会让“系统 1”的维持缩短 1 秒，第二次再缩短 1 秒。随着口诀越练越熟，随着你突破“系统 1”、直面冲突的经验越来越丰富，你对定身咒的免疫力也会越来越强，越来越能够利用关键 30 秒，也越来越接近凯文和电车老司机的境界。

有时，你甚至都不需要用太多方法，只需直面冲突本身，冲突就会自然解决。只要能把大家拉到一起，去面对那个冲突，问题就解决了一大半。在 IBM 公司，就曾发生过这样的事情。

IBM 是世界 500 强公司，也是全球最大的信息技术和业务解决方案公司。20 世纪 90 年代,IBM 进行了内部部门的重组，跟组织架构一起升级的，是他们的跨部门冲突。这种情况非常普遍，我也经常遇到——每次公司进行架构调整，一定会遭遇员工关系紧张的局面，因为架构调整牵动了很多人的既得利益，也强行改变了很多员工的工作习惯，所以我也很能理解大家的抵触情绪。这个时候，如何解决问题就很关键了。

IBM 是怎么做的呢？为了解决这些问题，他们设立了一个工作坊，叫作“市场增长工作坊”。这个工作坊的目的，就是把有冲突的各方拉到一起，面对面说明和解决冲突。

一个处理跨部门冲突的工作坊，为什么要叫“市场增长工作坊”呢？实际上，这个名字是工作人员精心挑选的，旨在让大家感受到解决跨部门冲突与满足消费者需求和增加公司市场份额是息息相关的。这个工作坊一个月开一次。开会时，管理者、推销员、技术专家都被拉到一张桌子前面坐下来，共同讨论和解决跨部门的冲突和问题。

现在看来，这个主意很不错，但一开始这个工作坊并没有受到重视，很多管理人员并不认可，也不想参加。这和我们平时的工作场景很像——很多时候，我们对待冲突的态度就是回避。要跟有冲突的人坐下来沟通，这对很多人来说的确很困难。

怎么办呢？IBM 公司操盘人开发了一个特别简单的模板，方便管理者提前写好并分析他们当时正面临的跨部门沟通难题。这招很管用，它能引导管理者去直面问题和描述问题。大多数时候，当人们聚在一起，把问题清清楚楚地说出来时，就已经取得了巨大进展。

用这种方式，市场增长工作坊解决了很多复杂的难题，并且真的促进了市场份额的增长。参与者也发现，原来只要去面对冲突，就会有效果。他们尝到了甜头，于是越来越积极，把工作坊当成梳理问题和解决问题的好机会。

让冲突双方坐到一起，把冲突摆到台面上来，正是解决冲突的好办法。

另一个把冲突双方放到一起的故事，也让人印象深刻。金杰·格雷厄姆（Ginger Graham）是雅培公司旗下一个子公司的 CEO。雅培公司是一家美国上市公司，也是一家有 72 000 多人的跨国公司，其主营业务是制药和医疗器械。

这个故事发生在 1993 年，当时金杰所在的公司面临着很大的管理难题——员工士气不佳，从事研究的专业人员和制造间的工人之间也矛盾不断。金杰为此做了些什么呢？她给每位公司的高层管理者都配了一名教练。这算是很正常的思路吧，虽然有点儿奢侈，但也在情理之中。

但是，你猜这些教练是谁呢？是经验丰富的管理学家，还是知识丰富的研究专家呢？都不是，出乎意料的是，这些高层员工的教练都是公司的一线员工。金杰自己的教练，是一位在码头工作的工人。这招厉害之处就在于，金杰把冲突双方用这种规则拉到了一起。

冲突真正开始被解决的时刻，是冲突双方没有任何一方回避，彻底正面接触的时刻。如果像 IBM 公司那样，把大家拉到会议室倒也可以，只是你把码头工人拉进会议室，一本正经地讨论领导力问题，总会让人觉得很不实际。相反，让一线员工与高层管理者当面一对一，反而能让他们彼此有更深度的交流。

在后来的几个月中，金杰深刻地了解到一线员工对公司领导层有多么疏远和不满，其他高管也都发现了一系列的问题，而这些问题如果不和一线员工深度交流的话，高层管理者是不可能得知的。

那段时间，员工间的争吵时有发生，密切的交往暴露出了更多的问题。而从规则来说，作为教练，一线员工有义务帮助高管解决这些冲突。他们有了更深度的冲突，也因此有了更深度的合作。

有勇气实施这样的举措很不容易，公司管理者要担负着“万一吵崩了，万一矛盾激化了，怎么办”的压力，这背后一定要有一个坚定的信念作为支撑：我们是在合作。我们坚信我们是合作关系，并且正在共同解决这个问题，如此一来，冲突就变得没那么可怕，甚至非常必要。

冲突不是合作的终点，冲突本身就是合作的一部分。请记住这句话："拒绝冲突，就是拒绝合作。"处理冲突就是我们的日常工作。这可能是我们每一个职场人，特别是管理者，必须掌握的一个管理理念。问题不会因为逃避而消失，我们必须以合作为前提，共同克服每一个困难。

回顾

在日常生活中，我们以为尽量避免冲突可以减少不和谐的声音，我们以为避开了冲突，问题就会自然而然得以解决，其实并非如此。

要解决冲突，重要的是抓住关键对话的那 30 秒，通过刻意练习让自己的"系统 1"逐渐缩短时间，让代表理智的"系统 2"站出来，为解决冲突而努力。

通过金杰的案例，我们明白了直面冲突其实比拒绝冲突更能解决管理中的问题。

以上的所有理论或方法都可以在合作思维的指引下实现。用合作思维获得勇气、转变思维、直面冲突。之后其实还有很多工作，需要我们一起去探索。

第 19 章

直面冲突，用冲突解决冲突

解决冲突的两个有效步骤是：第一步，对人不对事，即在冲突中照顾好自己的情绪，认真倾听，保持共情。第二步，对事不对人，即把焦点放到事情本身上，不要对人进行评判。

面对冲突，如果你不逃避，那么你已经比绝大多数人更勇敢了。现在，我们再向前走一步，直面冲突。

处理冲突有两个很有效的步骤：第一步是对人不对事，第二步是对事不对人。这两步相辅相成，缺一不可。但我们往往在该对人不对事的时候，紧盯着事情不放，忽略他人的感受；在该对事不对人时，又左顾右盼。不信？请看看大名鼎鼎的比尔·盖茨曾经踩过的“坑”：

全世界但凡使用电脑的人都知道比尔·盖茨是软件霸主微软公司的CEO。但很多人或许不知道，这份功劳不是盖茨一个人的，微软早期还有另一个非常重要的联合创始人——保罗·艾伦。

艾伦曾写过《我用微软改变世界》一书，里面详细地记录了他和盖茨从相遇、共事，再到分歧、分手的经历，还爆料了不少盖茨的怪癖和他做过的很多疯狂事情，其中就包括下面这场让人啼笑皆非的冲突。

盖茨非常热衷于辩论，每次他都要把事情讲明白，不达目的不罢休。艾伦在书里这样写道：“有传言说，微软在所有的办公室都安装了特别定制的门，防止信息外泄。不过，就算真是这样也没用，当我和盖茨吵起来的时候，上下隔八层楼你都能听见我们的声音。”

有一次，盖茨和艾伦又在一个技术问题上产生了分歧。尽管艾伦在技术研究方面比盖茨厉害得多，但盖茨还是无休止地提出反对意见。艾伦听了 10 分钟，然后直视盖茨的眼睛，说："比尔，你说的这些没有意义，你没考虑到 X，Y 和 Z 这些问题。"

但盖茨像是什么都没听到一样，还是继续说个不停，他们的拉锯战持续了好几个小时。这么久的争执耗尽了艾伦的好脾气，他跟盖茨一样大吼大叫了起来。

但是艾伦本性上并不喜欢这样做，他非常讨厌这种拉锯战，他觉得自己快累死了。而且按照他对比尔·盖茨执拗脾气的了解，这场架是吵不完的，他们可能会这么一直吵下去。最后他疲惫地说："比尔，我们的争论没什么用的，我要回家了。"

盖茨大喊："你现在不能停下！我们还没达成任何共识！"

艾伦说："不，你不懂。我现在太沮丧了，我实在说不动了，我需要冷静，我要走了。"

猜猜盖茨是什么反应？盖茨追着他穿过办公室、穿过走廊、来到电梯间，直到电梯门在他们之间关上的最后一刻，盖茨还在喊："可是我们的问题还没解决呢！"

比尔·盖茨非常像你生活中认识的某个人吧——这类人特别爱讲道理，如果对方表达了不同观点，他就一定要把道理掰扯清楚才肯罢休。

"对事不对人"是指在批评、冲突等场合，我们尽量要把焦点放在谈论的事情上，而不要对他人进行评判，以便尽可能避免激起对方的逆反情绪。这个原则很有道理，在多数情况下能帮助冲突双方理性地解决问题。但在合作思维层面上，这个道理还不够透彻，因为只谈事情本身并不能避免冲突或解决冲突。

你看盖茨和艾伦的例子，两个人都在谈事情，他们并没有涉及任何对人的评判。两个理工男，在事情层面肯定能谈得非常深入和透彻，可是最后怎么样了？双方都不满意，一方紧追不放，另一方几乎是逃走的。到了最后，艾伦已经明确表达了自己在“人”的层面的感受：“我现在太沮丧了，我需要冷静。”可是盖茨还在“事”的层面上纠缠不休：“我们的问题还没有解决呢！”大概不光是盖茨这样的技术宅男，很多人都觉得就事论事、不达目的不罢休是一种客观中立，甚至是很有目标感的态度。让我们抛下那些不理智、不客观的情感吧，只要我们能把这件事情做成了，还管那些拖泥带水的情绪干什么？大家都是成年人，成熟一点儿不好吗？

不好。

如果你看过了前面的倾听、共情、拒绝、提出批评等内容，你会知道，处理好彼此的情绪、维护好彼此的关系，对解决问题是多么重要。在你想要“对事不对人”的情况下，沟通如果进行不下去，那肯定是因为在事情之外的层面上出了问题。

我们谈合作式倾听时提过，你需要把那盏注意力的聚光灯打在别人身上，让对方充分诉说、不被打断，这样他回过头来才会更愿意听你说话。

我们还讲过该如何不带攻击性地提出你的意见，你甚至可以用关怀的方式提出批评，这样对方才更容易接受，甚至能被激发出强大的自我激励动机。

我可以从最现实的角度告诉你，先处理情绪，再处理事情，在很多时候都是解决问题最高效的方法。

我们要和那种“对事不对人”的观点唱反调，处理冲突的第一步，就是要反其道而行之。“对人不对事”——这是符合合作思维的一种思维方式，因为在合作中，人比事情重要。

合作是起点，而不是结果——这是合作思维非常重要的一个层面。但是，合作思维还有更深的层面，那就是在合作中，人比事更重要。

任何层面的合作，本质上都是人与人的合作。人是有主观能动性的，只要我们用合作思维，时刻告诫自己“我们已经在合作关系上了”，就能在 A 通路、B 通路都无法走通的时候，共同去找 C 通路。如果只盯着事，就很容易形成“非 A 即 B”的模式。正是在“人比事更重要”这个认知基础上，我们才能从尊重人的需求的角度讲倾听，才能从尊重人的情感的角度讲共情，才能从尊重人的时间的角度讲精准表达，才能从尊重自己的需求的角度讲拒绝。我们讲处理冲突时，提倡先对人不对事，也是同样的道理。因为我们在没有处理好人的情绪之前，是无法去处理引起冲突的事情的。

《关键对话》一书中提到了一个概念，叫作“双路处理”。意思是，当你和另一个人沟通的时候，需要既能注意到对话的内容，也能注意到对话的氛围。

对话的内容，就是“事”的层面，就是你们正在谈论的工作、八卦或者家庭事务。所有人都能理解这一层。但是，沟通高手会在和你说话的同时，在更高的层次观察人的层面——当下我们两个人之间的氛围是否和谐？我们此刻的信任有没有出问题？

《关键对话》的作者说：“人们不会因为你表达的内容感到气愤，他们之所以表现出抵触情绪是因为在对话中失去了安全感。”

我们公司最近新入职了一个高管，他是一个有经验的资深销售，但我发现他有个特点：他会在某个问题上纠缠。比如，我可能在跟其他同事讨论流量增长的手段，他会突然跳出来说这个方式不划算，肯定行不通。刚开始，我每次都跟他争论不止，希望他拿数据说话，不要总是一上来就否定大家，但他还是会持续不断地插入我们的对话。这时我发现，我和他两个人根本不是在一个层面对话，我们想达到的目的根本不一样。而且，我越是要制止他，他越是会提出更多意见。两个人没完没了，每次对话完都很疲惫。

这种时候，谁先意识到问题的本质是什么，谁就掌握了主动权。有一天，我们吵得不可开交时，我的脑袋里突然“叮”了一下，合作思维敲醒了我——当在事的层面聊不下去的时候，我们要立刻转到观察人的层面上去。我忽然意识到，他不断折腾的原因是缺乏安全感。我们总部在杭州，他们团队在北京，而且他刚刚加入团队，还没做出什么成绩，现在他需要的是安全感。在这种时候，我首先肯定他的能力和资源，把安全的氛围营造出来，这是能让对话继续下去的最佳方法。

双路处理就是对人不对事的原则的运用。你越早意识到你和对方的对话氛围出现了问题，就越容易把谈话拉回正轨，为此付出的代价也就越小。当你留意到对方的情绪激动起来，你自己也被带着感到有些紧绷的时候，你就可以开始提醒自己，是时候处理对方的情绪问题了。曾经有一位前辈跟我说过一句话："任何时候，你都要先处理情绪，再处理事情。"

那怎么做到这一点呢？

第一个方法毫无疑问是倾听。倾听是合作的良好姿态，尤其在冲突过程中，当双方都想赢过对方的时候，合作已经不复存在，而倾听则能让我们把焦点放在赢得盟友上，而不是赢得争论上。

还记得吗？习得反应式倾听的重点是通过不断练习，将其内化成习惯。它的步骤很简单——忍、等、问。或许你们本来在争论不休，但当你跳脱出来，意识到你们的对话氛围出现了问题，从那一刻起，你就可以开启反应式倾听了：

1. 有意识地闭嘴，忍住打断和争论的冲动；
2. 多等一分钟，让对方把话说完；
3. 和对方确认："你的意思是什么，我这么理解，对吗？"

别忘了，你还有一个有力的武器——共情。它也有简单的两步："停一停，放一放"和"拿起来"。

"停一停，放一放"的意思是，暂时搁置自己的需求；"拿起来"的意思是，好好看看对方的需求，试着进入对方的感受中。你还可以将对方的感受言语化——“方案总是做不到满意，你也很着急，压力很大吧。”当你说出对方的感受，他会感觉自己被关注和重视。那种感觉非常美妙，他会更愿意和你进行坦诚的沟通。

在写作本书的过程中，帮我查资料的小伙伴说，她跟着我一起把合作思维一点点吃透了，现在，在任何冲突面前，她都能很熟练地运用共情。每次她跟同事说：“这段时间你这么忙，真的是辛苦了。”“时间这么紧张，你真的承担太多压力了。”然后，对方原本张牙舞爪的表情就会肉眼可见地慢慢镇定下来。

这就是倾听和共情的力量。情绪在人心里永远是最底层也最有力的。倾听和共情能帮我们暂时放下事，把焦点放在对方这个人身上，为合作赢得空间。

“对人不对事”里面的“人”不仅指对方，也指你自己。合作是两个人的事情，你把对方这个人照顾好的前提是，你先照顾好自己。如果你在冲突当中已经失控了，那么你就无法进行倾听和共情。

相信在冲突中，你一定经历过这种时候——

一股无明火噌就上来了，你的太阳穴“突突突”地跳，气得话都说不利索了，哪还有能力用什么沟通技巧啊！什么倾听，什么共情，没上去薅对方的头发就已经不错了！

这种时候，最好的方法就是暂停。不管是“忍、等、问”，还是“停一停，放一放，拿起来”，关键的第一步都是，暂停。

正吵得热火朝天的夫妇、针尖对麦芒的同事，只要其中一个人能暂停，情况就会出现反转。人是很有趣的，吵架这事明明很累，也很让人难受，但为什么停不下来？因为我们很容易纠缠在这种焦躁的状态中。同事每次开始说没有重点的车轱辘话时，我就会很想要反驳他、压制他。这个循环一开始，双方都非常焦虑。人就是这样，越焦虑，注意力也就越狭窄。当一股无明火上头，让你头脑不清楚时，你会机械化地在原有的模式里反复打转，更加焦虑，于是你在处理问题时就越糟，越糟就越焦虑，恶性循环就这么开始了。

这时，谁能暂停，谁就破局了，就打开了一个新的局面。最好的暂停法就是坦诚地跟对方说：“对不起，我需要用 10 分钟的时间冷静一下。我们等一下再继续这个讨论，结果会更好。”

合作思维在这个过程中，时刻都在起作用。

“我明明是跟他在合作一个项目，为什么我们一直在互相消耗？”——这是我跟同事对立起来时我不断提醒自己的话。我们争吵的这件事本身有多重要？他想通过这种争执表达的究竟是什么？你可以在暂停的时间里，不断问自己这些问题。当然，你也可以什么都不想，就是静静体验身体里那种沸腾的感受，然后洗把脸、看会儿书，转移注意力，或者找个毛巾之类的东西拧，发泄掉身体里的能量。这样，你的情绪会慢慢平复，也会有精力去探究事情的真相。

还有一个方法可以帮我们更好地掌握“对人不对事”——对比说明法。

一般来说，在冲突中，双方都会有感到受伤和被误解的部分。用对比说明法澄清这些误会，是重塑安全的对话氛围的最好机会。对比说明法的句式提炼出来很简单，就是“我不希望……而是希望……”。比如：

> “我不希望让你认为我对你的工作表现不满意。相反，我觉得你有很多资源和经验，我希望能继续跟你合作。不过沟通效率对我来说很重要，我希望你能在这方面做出一些改进。”
>
> “我不希望你觉得我不及时回复你信息，是嫌你烦。相反，我很在乎你，我希望你能开心。只是我自己的工作压力也很大，有时候需要集中精力处理工作，我希望我们之间能互相谅解。”

你看，“我不希望”可以打消对方认为你不尊重他的误解。“我希望”是肯定、确认你对对方的尊重，明确你的真实目的。这样，你在安抚对方情绪的同时，也能心平气和地澄清事实。用这个方法，我们就能在暂停键之后重返对话，然后再综合运用倾听和共情，消解掉对方情绪中最激烈的部分，让冲突真正重返至合作的频道上来。在这个基础上，我们才能从“对人”进入“对事”的层面，运用合作思维找到双方冲突事件的最佳解决方案。

回顾

对人不对事，是应对冲突的关键一步。但对人不对事并不是说，我们为了照顾他人的情绪，就要放下其他原则、放弃合作、委曲求全。对人不对事，是为了更好的坚持，是为了更好的合作，只有把负面情绪扫清，理智才能回来，我们才能进入真正推进事的层面。在面对冲突和矛盾时，我们除了用合作式倾听的方式，多加利用倾听和共情外，还有一个很重要的办法就是暂停，暂停可以让自己和对方看到更多。而在合作思维下，利用对比说明法，即“我不希望……而是希望……”句式，则能带来更多冲突解决方案。

第 20 章

A+B=C：摒弃非黑即白的思维模式，在矛盾中实现共赢

在非合作思维中，只能有一个人是对的，要不你听我的，要不我听你的。从这个陷阱中跳出来，站到更高点，共同寻找一个让双方都满意的共赢方案，才是正途。

上一章强调处理冲突首先要对人不对事，先处理情绪，再处理问题。

现在，我们进入到下一步——对事不对人。当我们把情绪处理完毕，能够和对方心平气和地回到事情上，并不意味着分歧会随之消失，其实它还在那儿。这时，如果处理不当，就会前功尽弃。

通常处理分歧不当的方式有两种：一种是强制，一种是投降。

假设你已经认定把情绪处理好了，也不想激发对方强烈的反抗情绪。这时，你不会用大嗓门作为武器来压倒对方，可是你可能仍然会试图运用所有的理性工具来说服对方，你会摆事实、讲道理、列数据，振振有词、滔滔不绝，而你的目的只有一个：说服对方听从你的意见。

还有一种更隐蔽的解决分歧的强制方式，那就是我们常说的“情感绑架”。为了让别人听你的，你可能会做出可怜兮兮的样子，以博取别人的同情。比如每天愁眉苦脸、默默叹气，用不吃不喝不睡来折磨自己。

这两种解决分歧的方式看上去力度不同，但其隐藏的姿态都是“强制”，就是企图用各种方式达到“让对方听我的”这个结果。

很多人不理解：“不会啊，在冲突中我经常一秒就㞞了，也不会坚持让对方听我的。我根本不敢和对方对着干，有时候还偷偷安慰自己

‘吃亏就是占便宜’，但是心里又愤愤不平。”我把这种解决分歧的方式叫作“投降”。

你发现了吗？上面说的这些应对方式背后都有一种思维，就是两个人之间只能有一个人是对的—— 一旦发生冲突，要不就听你的，要不就听我的。这是典型的非合作思维。

那么，合作思维是怎么应对冲突的呢？在事情层面上应对冲突、解决分歧有一个更好的方法，叫作“A+B=C”。这个知名的理论来自一位优秀的冲突解决专家洛兰·西格尔（Lorraine Segal）。她的客户有很多，从企业政府、非营利组织，到个人。她曾在领英上被评为“冲突解决领域前 30 位专家”之一。在研究中，她对“只能有一个人是对的”这件事情进行了深入分析，在更高的层次上提炼出了一种心理现象——“改变他人的幻想”。这是什么意思呢？她在一篇文章中这样写道：

> 很多来找我的咨询者都有这么一种幻想，就是他们想在我这里找到某种技巧或者方式，来帮助他们改变另一个人的想法或者行为。他们好像在找一根魔杖、一盏神灯或者一句咒语，随便你选哪个比喻。总之，他们希望那个人能立刻发生改变，如此一来，他们不用费力就能获得他们想要的。
>
> 这些来访者确信他们知道问题出在哪里，大多数人认为，对方是问题的唯一原因，至少是主要原因。他们觉得，若想让生活顺利起来，就必须让对方遵守正确的规则，按正确的标准做事。要是找

一个公正的外星人翻译一下，他们的意思八成是，“想让生活顺利起来，必须遵守我的规则，按我的标准做事”。

西格尔说：“如果把我的想法和行为看成 A，把你的想法和行为看成 B，那么很多人会坚定地认为，只要把你的 B 扭转成我的 A，咱俩保持一致，就能解决问题、万事大吉。”

这是典型的非 A 即 B、非你即我、非黑即白的非合作思维。

这种思维经常在我们身上出现，而且比我们想象得更加频繁。你仔细回想一下，最近让你不爽的事情，是不是因为这种想要改变他人的幻想没有被满足？

当和同事发生争执时，你脑中冒出：“你什么都不懂！”

当伴侣总是不及时回复你的信息和电话时，你觉得对方这么做根本不在乎你的感受，你问他：“你怎么就不能多看看手机？”

当你策划了一场活动，希望媒体组同事去报道，媒体组同事却用各种托词拒绝了你时，你心里烦躁得不行：“你们怎么就不能写啊 ?!”

每当你觉得别人“怎么这都不懂”“怎么这么幼稚”“为什么会这么想”的时候，你的心都会狂喊：“听我的！听我的！你们怎么就不能听我的 ?!”

但遗憾的是，大多数时候你很难让对方的态度立刻产生 180 度大转弯、马上听你的，因为改变别人恐怕是世界上最难的事情之一了。因此，西格尔才会将这种心理称为“改变别人的幻想”。

有人说："我不是这样的，我没有想过改变别人。"在发生冲突的时候，尤其是对方嗓门很粗、脾气很大的时候，你虽然不甘心，但你还是想着："算了算了，你说什么就是什么吧，听你的还不行吗？"

本质上，这还是一种非 A 即 B 的价值观，只不过和上面颠倒了过来——"这一次，我认为若要解决问题，就要把我的 A 扭转成你的 B。"幻想的对象，从"你"变成了"我"，这还是上面我们提到的"投降"。

无论强制还是投降，其背后的非合作思维是一致的：两个人之间，只能有一个人是对的。一旦发生冲突，要不就是听你的，要不就是听我的。

但是，合作思维不一样。在合作思维中，我们会从"非 A 即 B"的陷阱里跳出来，共同寻找一个让双方都满意的、并且一开始谁都没想到的第三种方案。这就是西格尔的著名等式："A+B=C"。

在这种思维中，我们坚持的是解决分歧，而不是坚持哪个人的观点。

在斯图尔特·戴蒙德所著的《沃顿商学院最受欢迎的谈判课》一书里，有一个很有趣的例子。

在巴黎的一个小房子里，一位妻子想让丈夫杀死两只时不时在他们公寓里窜来窜去的老鼠。"它们会传播疾病！"妻子说。

丈夫是一位风险投资家，他并不介意房子里有老鼠："它们只是一种没有恶意的动物！"

怎么办呢？一个人要杀死老鼠，另一个人不忍心杀死老鼠。这位丈夫该提升音量、据理力争，还是默默妥协、听妻子的？睿智的丈夫想到了第三种方法：妻子的真正意图不是杀死老鼠，而是不想让老鼠出现在他们的房间里。于是，他找到了老鼠进入房间的洞口，用灰泥将洞口完全堵住。

在这个案例中，杀死老鼠是 A，不杀死老鼠是 B，而把洞口堵上是 C。结果，C 这个做法让各方都很满意：丈夫、妻子，还有老鼠。

我也是在“A+B=C”这个思维的帮助下，解决了跟我母亲的隔代养育冲突。隔代养育冲突是我们这一代年轻人常常遇到的问题，我们请父母来帮忙照顾孩子，但是我们和父母的养育观念却大相径庭，为了养孩子这件事儿，家里经常矛盾不断。

我母亲是一个狂热的“喂饭爱好者”，在她看来，让孩子吃饱是天下第一等大事。我丈夫对此非常不赞同，他觉得这样的养育方式太可怕了，每次看到我母亲追着我儿子小核桃喂饭，他就充满黑色想象：“孩子自己连是饱是饿都不知道了，你喂他什么，他就吃什么，那么等他将来上了幼儿园肯定也不会自己吃饭！以后呢，他肯定干什么都会没有自主性！”

我母亲每次被我丈夫这么一说，脸色都很难看：“你懂什么！你就知道来批评我！小孩子不好好吃饭能行吗？你不喂他，他就真的不吃了！”

就吃饭这个问题，两人分别找我投诉，各自都委屈得不得了，似乎非要让对方听自己的才能罢休。争论得多了，我母亲就会一甩手说：

“好，我什么都不管了，以后你们自己管！”

你看，要么就是听我的，要么就是听你的。但无论是哪一种结果，都会有人不爽。

若启动“A+B=C”的思维模型，那会想到什么好办法呢？

说白了，大家都是为了小核桃的健康——姥姥担心小核桃吃不饱，爸爸担心小核桃没有自主吃饭能力。于是，我跟所有人约定：先拿出半小时时间，任由小核桃自主吃饭；半小时过了，他要是还没吃完，再考虑怎么样让他吃饱。这个方法，听上去照顾到了 AB 双方的诉求，大家都暂时接受了。

安抚好 AB 双方，我才有精力处理关键问题——去跟儿子小核桃沟通。毕竟，吃饭的主角是孩子。有时候我会邀请他扮演美食点评家，点评每一道饭菜。结果，他很快就入戏了，而且吃得津津有味。有时候，我会跟小核桃商量，如果半小时内能吃完饭，我就陪他玩画画接龙，这是他很喜欢的一个游戏。这下子，多数时候他都能在半小时之内吃完。我母亲一看，孩子自己能吃，就是吃得慢点儿，她也就放心了，她自己早早吃完就去小区里参加模特队了。我丈夫这下也放心了——这孩子是有自主吃饭能力的。所以，哪怕有几次小核桃没在半小时内吃完，我母亲忍不住喂他，我丈夫也没以前那么焦虑了。在这个思维之下，我们家的所有隔代养育冲突都有了底层解决思路。

但也有人给过我这样的反馈：“你说的有道理，但 C 不是那么好找的！听你的例子都挺轻松，但是一到我自己身上就会卡住——我知道要去找 C，但是找不到！”

在告诉你找到 C 的方法之前，我想邀请你想象一个场面：有两块巨大的乌云堆在你面前，遮住了你全部的视线，你怎样才能在看到它们的时候，还能将更多的风景尽收眼底呢？

答案是，站到更高的地方去。

处理分歧也是一样。如果你想在 A 和 B 的基础上找到第三条路，你就要站得更高。

只不过，这个高不是实际的高度，而是分析问题的层次——我们常常被眼前的行为迷惑，看不到背后更本质的规律，而 C 恰恰藏在本质的规律里，这时，我们需要区分出行动和利益的差别。

举几个例子。

“我想获得一份教师的工作”——这是行动。

“我想要一份能够让我实现个人抱负的工作”——这是利益。

“我想去北极旅行”——这是行动。

“我想要一些新的体验”——这是利益。

我们用行动来实现自身的利益。通常，冲突是因为我们在行动上无法达成一致，可是，你别忘了，实现利益的行动并非只有一种。很多事情在行动层面无法协调，但如果在更高层次的利益上面，我们就可能发现超越短期妥协的新选择。

我有一个女性朋友，她的育儿理念属于偏管教的类型，她认为教养小孩子需要立规矩，让他们遵守规定。但她丈夫推崇自由派的管教理念，认为小孩子的快乐成长最重要，不要那么多管教和规矩。差异如此巨大的两个人，育儿冲突接二连三：孩子一回家，妈妈就要她先洗手，把外套挂好；但是孩子爸爸则会带着女儿在沙发上光着脚跳来跳去。小孩子能不能只吃肉不吃菜，已经有很多玩具娃娃还要不要再买……在这些问题上，夫妻双方吵来吵去，一直吵不出结果。

刚刚讲的这些冲突，都发生在行动层面。那么，这背后的利益是什么呢?

孩子妈妈从小处于被放养的状态，她觉得当初父母要是对自己的管教更严格些，她或许有更多的机会和成就，所以她认为不能让这种遗憾在女儿身上重演；而孩子爸爸的成长环境则过于严格，父母的管教经常让他喘不过气来，所以他特别希望给自己的女儿多一些自由和包容。

他们在意的利益其实都是“我希望给孩子我童年缺失的东西，我希望自己在家庭中有存在感，在孩子的成长中扮演重要的角色”。既然是这样，如果站在利益的高度，我们能不能想一个办法，让父母双方都有机会给予孩子自己缺失的部分，并且在教养中扮演同样重要的角色呢?

一定有。

后来，夫妻二人在家里立下了这么一条约定：孩子的卫生和健康遵循妈妈的意见——要勤洗手，肉和蔬菜都要吃，保证营养平衡；但是孩子的娱乐听爸爸的——他们可以在沙发上跳，爸爸也有权决定给孩子买她想要的玩具。有了这条约定之后，他们家的育儿冲突就变得少多了。

“A+B=C”的思维方式能帮助我们跳出“单一的僵化模式”，极大程度提升我们的生活质量。同时，这种思维方式在商业决策上也立竿见影。

我朋友所开的公司在处理销售部门和产品部门冲突时，也运用了“A+B=C”的思路。很多公司都会有类似的困境：销售部门 KPI 压身，需要赶紧把产品销售出去，以增加营收。但产品部门则认为，对得起用户的好产品需要精心打磨，只有测试研发的时间足够长，产品的质量才有保障。

这是常见的职场矛盾。产品研发和销售团队的矛盾从来没有断过，因为大家的行动利益不同。

赶紧销售和慢慢研发，是两个部门各自的行动诉求，左右都有道理。这个时候再站高一点儿看，他们各自的利益是什么呢？对销售部门来说，利益是卖货、出营收；而对产品部门来说，利益则是产品质量和用户口碑。那么，有没有一种方案 C，让公司既能尽快开始卖货，又能持续提升产品质量、维护口碑呢？

他们最后想出了这样的解决方案：尽快上架销售，但不是以正式产品的形式，而是以价格比较低的内测版进行预售。购买这种产品的用户可以给研发人员提建议，和研发部门一起改进产品。如此一来，公司既能从中获得营收，又能广泛吸收付费用户的意见，帮助产品团队做得更好。用户加入进来，参与感“爆棚”，他们对公司的忠诚度和信赖感也大大提高了。

你看，从行为计划上升到利益层面，会给我们带来多么广阔的视野和不设限的惊喜。

回顾

最后，我想再谈谈女性和冲突之间的关系。

不论是先天因素还是后天社会文化的塑造，男性在面对冲突时比女性更激进、更好斗。或许是因为在进化过程中，凶猛的男性能够更好地守护自己的地盘和事物，这样的基因已深深留在男性的身体里。

又或者，这个社会崇尚的“男性气概”就是强硬、果断、从不轻易退让。

研究表明，在冲突中，男性更加在意结果，而且他们在冲突中好斗的表现比女性高了 25%。

相比之下，女性更善于在解决问题的同时兼顾关系，她们更善于提问，对在沟通中的情绪也能表现出更多的理解。

女性这样的特质或许让我们显得比男性更容易回避冲突，但事实上，我们拥有的另一些特质，比如擅长倾听、共情等，会让我们更容易用创造性的方法解决冲突，避免使冲突恶化成决斗和权力之争——只要我们突破心理的某些障碍，只要我们拥有勇气。

可以说，女性要发挥自身影响力，最大的挑战仅仅在于勇气。

而这份勇气，正是合作思维可以给予的。

本书贯穿全文的就是四个字：合作思维。如果你让我说，合作思维能给你的最大礼物是什么？我想，那个答案应该是，勇气——相信自己不用变成谁，也能做成很多事情的勇气；在很多你本来以为很难的事情前，敢于迈出第一步的勇气。

我常说，合作思维就是我的“北极星”。当我遇到困难的时候，抬头看看星空，它总能给我更多的勇气和办法。

至此，我已经把这颗“北极星”的秘密全部分享给你了。

希望你即便是一个人赶路，也总有“北极星”的守护与陪伴。

后　记

现在，发挥你的影响力吧！

不知道阅读本书的过程对你来说意味着什么。

对我来说，在我的人生中，我又写了一本符合我价值主张的书。

我把影响力的最底层思维，提取归纳为“合作思维”。一直以来，我是这么想问题的，也是这么做的。这些思维方式影响过我，我手写我心，我把它们分享给你。

工作的这些年，我经历过一些由性别带来的挑战。在谈判桌上我步步追问，拿下了项目，结束后收到的反馈是：“嗯，你蛮强势的。”

同样的行为发生在男性管理者身上，他收到的反馈十有八九是：“你很有领导力。”

女性因为怀孕生产，会丧失一定的工作机会。因为她们要养育孩子，因此会被不断询问：“你是如何平衡事业和家庭的？”这个问题，在我创业这些年里被问了无数次。

我没有因为这种区别对待而有什么愤懑或委屈，它只是一个问题。问题来了，我就去解决它。而且，这些固有的陈旧的观念成了我的资源——我创办了女性成长平台 Momself，愿景是为所有的中国女性提供成长解决方案。

《深度影响》这本书，就是解决方案之一。

就我十几年的管理经验，我可以保证，女性特别具有创造力和想象力，在解决问题上女性其实一点儿不比男性差，只是很多时候女性的这种才能被恐惧掩盖了。

美国洛杉矶市前副市长、全球CEO猎头陈愉女士面试过4 000位世界范围内最顶级的行业精英。她说，她面试过的人只分三类：优秀的男性、优秀的女性和普通的男性。

所以，普通的女性去哪里了？

普通的女性，在等待着自己变优秀的那一天。

我想通过本书打破的，是一种多年的骗局，特别是针对女性的骗局。我们一直以为自己要足够优秀、足够厉害，才能拥有影响力，我们不断在心里掂量自己："我不厉害啊，我不行啊，我没有对方职位高，看上去我也没有对方有才华！"

在很多机会面前，我们抠着手指，全程闭嘴，心里想："等我再厉害一些吧！等我再优秀一些，我再去影响别人！"

我们在这个骗局一样的怪圈里蹉跎下去。

本书就是要打破这个局面。我们不需要变成谁，我们不用变得很厉害，也能做成很多事情。

当你经过反复练习，把合作思维成功内化为一种习惯时，不管在什么情况下，你都能第一时间想道："我们是合作关系，我要为对方做什么呢？"于是你就会去做，不会再考虑自己优不优秀、厉不厉害。

而当你成为别人最亲密无间的伙伴时，你就已经在影响他了，这无关地位、权力，你成了他的资源，你已经在发挥属于你自己的影响力。

著名主持人张泉灵在朋友圈分享过一个例子，她说："我和很多化妆师合作过。一流的化妆师在化妆前都会去现场看灯光，会问导演节目的整体风格、后期怎么做，然后才化妆，因为他要保证合作方的妆容是跟场合契合的。二流的化妆师会给你带各种保护衣服的围裙，甚至提前给你敷个面膜。三流的化妆师就只会化妆。"总结一下，一流的职场人士了解上下游的工作流程，并且关注产品最后的效果，而不仅仅是自己流程结束的效果。二流的职场人士至少会关注和自己工作相关的用户体验。三流的职场人士就是自扫门前雪，扫扫而已。

单从技术上来讲，有没有可能这三种化妆师的化妆水平其实差不多？很有可能。但是因为合作思维，这三种化妆师有了不同的影响力。

还记得前言里的那段话吗？

> 我希望本书除了能帮你树立合作思维的意识、获得合作思维的能力之外，还能给你带来某种信念：我希望你相信自己。相信自己的意义，不是让你挑战权威或是压倒某人，相信自己的意义在于：你能为这个社会做出贡献——贡献新的视角、新的愿景、充满启发的观点。虽然生活充满了种种不确定性，但可以确定的是，这个世界上存在着更本质、更深刻、更美好的东西，它需要我们通过发挥自己的影响力，去发掘、去实现。

不要轻易错过那些重要的东西，愿影响力能成为你的守护者。

最后，想感谢《影响力》项目组和编辑组的伙伴们。感谢金金，没有她的影响力，我不会在高强度的工作下，还能挤出时间，又完成了一部新的作品。感谢王妍和李松蔚，他们总有无数的新点子，让一件件枯燥的事情变得有趣。感谢一鸣和钰鸽，我们在无数个深夜与凌晨写稿，为一个观点查阅了无数资料。特别是一鸣，她在成稿阶段担任了本书的创作助理。感谢金洁，在这本书的“出生”过程中，一直忙前忙后。感谢唐骥，她的案例被我多次写在书里，激发了我很多创作灵感。

感谢宣发组的伙伴们，她们从不放弃任何一个渠道。她们唯一的心愿，就是希望多影响一个用户。

最后，感谢我的家人。只有他们见过我因为压力蓬头垢面、烦躁不堪的样子；也只有他们，始终包容我、不离不弃，给了我在残酷世界里奋勇向前的底气和勇气。

愿每一位读者，在以后的日子里，时刻怀有某种信念，勇气满满，找到属于自己的影响力。

后会有期。

影响力在线课程学员感悟

我们要达到的目的地叫作“影响力”，起点叫作“倾听”。Momself总是如此匠心独运。我是做销售的，我要达成的目标是把货卖给对方，但是我的视角不能只存在于我自己，而是要看对方，看看对方需要什么。学习倾听，才能充分理解对方的需求。

——学员 青知拙见

今天的课我听哭了，一边哭一边做笔记，闷在我心里很久很久的困惑似乎被崔璀老师点开了一个洞，之前所有压抑的情绪喷涌而出。我终于知道我为什么没有合作思维了，为什么总是无法跨越自恋，达到真正的共情。以前，我总以为自己是在沟通方面出了问题，于是我学心理学、学沟通、学相处之道，但今天听了这节课，我才知道，人和人之间的分歧，是思维方式的不同造成的。

——学员 豆芽菜

参加这次训练营，是我今年收获最大的事，好感动！

——学员 余超

今天和父母一起听了影响力课程后，我们进行了沟通。我真的很高兴！我和父母以往沟通时，从来没这样和谐过！今天的谈话让我打开了多年的心结，并且第一次和父母以这种平和的方式相互讨论，表达自己的观点。我很开心今天又做了一件改变自己的小事，真心感谢影响力这门课程带给我的改变。

——学员 LEON

听了今天的课，我有种恍然大悟的感觉——我在复盘我的职场生活。这堂课把我听哭了，它真的是一套非常有质量的课，人人都需要！

——学员 子鱼

通过学习影响力课程，我懂得了真正表达关怀的方式。我觉得这门课对我触动最大的部分就是倾听和共情，我发现我能够更加理解别人了，并且可以做到“先对人，再对事”。我感受到了自己柔和的女性力量，我可以好好地利用它。

——学员 米尔

生活中的细节为我们注入了最大的勇气——勇于面对别人的批评，面对自己的质疑。崔璀的影响力课程为我打了一针“强心针”，我活过来了，因为我看到了、我拿起了，我也终将放下。真的要赞一下这门课，它帮我解决了困扰已久的问题！感谢 Momself！感谢崔璀！

——学员 XTL

感谢崔璀的这门影响力课程。放在以前，加薪升职我是绝对不敢想不敢做的；但崔璀让我相信，我是有可能去做的，而且有可能做成。

——学员 dangdang

崔璀的影响力课程是一门让我忍不住推荐给身边朋友的“可怕的”课程，它让我像个课程销售员。

——学员 洪亚琼

我本想收获一片枫叶，影响力课程却给了我整个秋天；我本想收获一滴水，影响力课程却给了我一片海洋。

——学员 smile mou

21 天悄然过去了，我还记得跟大家第一天打招呼时的羞涩。我们在这里相识，也在这里激情澎湃，每一次收获都让我们彼此感动。大家如此真诚、如此渴望。从现在开始，我还要坚持训练，这样才能从看到问题时起就立刻运用合作思维。从今天开始，我要不断复盘，深挖属于自己的影响力模式，保持终身学习，成就自我品牌。

——学员 小熊孩子

21 天的陪伴，我学到了放下自己的评判去真正地倾听别人；我感悟到了共情别人就是要看到别人的需求；我明白了工作中要“多心”，多问问工作背后的“why”；我知道要大胆向上去影响，勇敢提出自己合理的需求；我懂得了如何说服自己，合理拒绝他人不合理的请求；我也清楚要积极面对冲突，站在更高点去寻找那个“A”和“B”以外的“C”。最重要的是，我似乎开始拥有“合作思维”这颗耀眼的北极星。

——学员 叭嗒嗒

影响力课程对我最大的影响主要有两方面：一是崔璀老师讲故事的能力，她总是可以绘声绘色地把我们的情绪调动起来。二是合作思维——一切皆可合作，只要你愿意做。合作思维能够让我看到更多的可能性，让我看到除了竞争、退缩、分利之外，还有一种可以双赢的选择。

——学员 郭源

影响力课程带给我最大的收获就是合作思维。以前我觉得只有名人和权威人士才有影响力，听了课才发现，原来人人都可以拥有影响力，而影响力就是合作思维。我还送给自己一个口号：“我们是战友，不是敌人。我们有共同的目标，一定有更好的方法。”我的收获还有很多，在课程中我会做笔记以供之后复盘。影响力值得多次复盘，每次复盘我都会有更多更深的体会。祝大家都能拥有自己的影响力。

——学员 园园

以前我是最不愿意和别人打交道的，我觉得只要做好自己的事情就可以，但现在我特别愿意和更多的人产生联结，因为他们可以让我看到相同的自己，让我发现，原来这个世界上有这么多我的“同类”！同时，我也发现了世界的精彩纷呈，还有那么多未认知的内容、未触碰的领域等待我去了解、尝试、拓展……我想说，三生有幸，感恩同行！

——学员 杜芸芸

这个平台真的成就了很多人。遇到崔璀，让我们做到了及时纠偏，赞赞赞。

——学员 香豆

我一直认为崔璀老师的课很好，买值了。我把它运用到了实际的工作当中，改变了我处理问题的方式，进而改变了我的人际关系，非常受益。

——学员 自然

多年来，我一直惧怕老师，与老板之间也刻意保持距离。今天，这些心结终于打开了。在工作中，老板曾给了我很多机会，我却没有接受。我一直以为这是因为自卑造成的，但在工作中建立了足够的自信后，我和老板之间似乎仍有一堵“墙”。谢谢崔璀老师的课，让我知道，要想完全破除这堵“墙”还需要一定的时间，不用急。从今天开始，我会给大脑装上合作思维，开始行动。感恩遇到 Momself。

——学员 温得梅

今天被崔璀老师再次打动，感觉被她拥抱、被她共情了。此生何德何能，能在人生的道路上遇见这么精心的指导老师，全程“get”我的痛点！之前我总想“有钱我就什么也不怕了”，但是现在有了崔璀老师，我什么也不怕了。

——学员 幂次方

今天归纳的学习知识点很有意思——“杏仁核绑架”“在他的头上打上一束光”“爬金字塔”“溜金字塔”……学习这门课真是充满乐趣！

——学员 罗曼子

22 岁时，改变我的一句话是：“拥有自己想要的生活的人，做出改变的可能性是平均人群的 5 倍。”5 年之后的这套影响力课程中，最触动我的一句话是：“解决冲突，是我们的日常工作。”坚定又坦荡荡。特别幸运遇到影响力这门课。

——学员 小云